Jeder kennt die Zehn Gebote, doch genau benennen können sie nur wenige. Dabei handelt es sich um Grundpfeiler der christlichen Ethik. Auch wenn diese Gebote dreitausend Jahre alt sind, haben sie ihre Aktualität nicht eingebüßt und gelten in Zeiten der Globalsierung mehr denn je. Anselm Grün zeigt in diesem Buch, wie die Zehn Gebote als praxisnahe Lebenshilfe in den Alltag integriert werden können: »Die Zehn Gebote bewahren unsere Liebe vor Missbrauch und Misstrauen. Sie schaffen einen Rahmen, in dem das menschliche Leben gedeihen und ein humanes Miteinander gelingen kann.«

Anselm Grün, geboren 1945, ist Benediktinermönch und Autor zahlreicher Bestseller. Der Cellerar der Abtei Münsterschwarzach wird von vielen als geistlicher Berater geschätzt und gehört zu den meistgelesenen christlichen Gegenwartsautoren.

Anselm Grün

Die Zehn Gebote

Wegweiser in die Freiheit

Deutscher Taschenbuch Verlag

Von Anselm Grün
sind im Deutschen Taschenbuch Verlag
erschienen:

Menschen führen – Leben wecken (34277)
Damit dein Leben Freiheit atmet (34392)
Ich wünsch dir einen Freund (34441)
Du bist ein Segen (34474)
Leben und Beruf (34534)

Ungekürzte Ausgabe
Juli 2009
Deutscher Taschenbuch Verlag GmbH & Co. KG,
München
www.dtv.de
© 2006 Vier-Türme GmbH, Verlag, 97359 Münsterschwarzach Abtei
Alle Rechte vorbehalten.
Umschlagkonzept: Balk & Brumshagen
Umschlagfoto: Peter Schinzler
Satz: Filmsatz Schröter GmbH, München
Gesetzt aus der Stempel Garamond 10˙/12,25˙
Druck und Bindung: Druckerei C. H. Beck, Nördlingen
Gedruckt auf säurefreiem, chlorfrei gebleichtem Papier
Printed in Germany · ISBN 978-3-423-34555-2

Inhalt

Die Zehn Gebote –
Wegweiser in die Freiheit

Unsere Welt wird immer vielfältiger und undurchschaubarer. Daher sehnen sich viele Menschen nach einer klaren Orientierung. Sie suchen nach guten Anweisungen, wie ihr Leben gelingen kann. Die Zehn Gebote möchten solche Wegweiser sein, die unserem Leben Richtung geben, es richtig werden lassen. Indem sie uns die Richtung zeigen, in die wir gehen sollen, schenken sie uns auch die Kraft, uns auf den Weg zu machen. Denn wer die Richtung weiß, spürt in sich mehr Kraft und Motivation als jemand, der orientierungslos herumläuft. Der Richtungslose verbraucht zu viel Energie, um verschiedene Richtungen auszuprobieren, immer wieder umzukehren und immer nur ein Stück weit einer Richtung zu folgen. Wer die Richtung kennt, kennt auch die Quellen der Kraft, aus denen er schöpfen kann, um das Ziel zu erreichen.

Von vielen Firmen werde ich zurzeit eingeladen, über das Thema »Führen mit Werten« zu sprechen. Offensichtlich sehnen sich heute viele in der Wirtschaft tätige Menschen danach, dass im Umgang miteinander wieder Werte beachtet werden. Sie spüren, dass ein Leben ohne Werte wertlos wird. Werte schützen die Würde des Menschen. Werte machen unser Leben wertvoll. Werte, oder wie die Engländer sagen: »values«, sind Quellen, aus denen wir schöpfen können, die uns Stärke und Gesundheit verleihen. »Value« kommt vom lateinischen »valere«, was »stark und gesund sein« heißt. Und es bedeutet: etwas gelten. Ohne

Werte gilt nichts in dieser Welt. Da weiß man nicht mehr, an was man sich halten kann. Da wird alles wertlos, einschließlich des Menschen.

In der Sehnsucht nach Werten, die unserem Leben »Validität«, Halt und Kraft, Stärke und Würde geben, spielt die Rückbesinnung auf die Zehn Gebote eine wichtige Rolle. Einerseits greift man auf die griechische Philosophie zurück, die die sogenannten »Kardinaltugenden« Gerechtigkeit, Tapferkeit, Maß und Klugheit als Grundpfeiler eines gelingenden Lebens aufgestellt hat. Andererseits geht man in der Geschichte noch weiter zurück und kommt zur Bibel, die uns schon vor dreitausend Jahren die Zehn Gebote überliefert hat. Die Zehn Gebote sind Wegmarken auf der Reise durch die Werte-Wüste, in der wir uns heute befinden. Sie können uns einen Weg zeigen, wie die menschliche Gemeinschaft gelingt, wie ein Wirtschaften im Zeitalter der Globalisierung aussehen kann, das die Würde des Menschen wahrt und uns auf Dauer guttut. Wenn in der Wirtschaft nur das Recht des Stärkeren gilt, bleibt die Würde des Menschen auf der Strecke. Die Zehn Gebote ergreifen Partei für die Schwächeren. Sie beschränken die Rechte der Starken, die Rechte der Täter, um die Würde der Opfer zu stärken. (Vgl. Hofmeister/Bauerochse, S. 8)

In einer Runde unterhielten wir uns über die Zehn Gebote. Es wurden unterschiedliche Erfahrungen wiedergegeben. Die einen fühlten sich an unangenehme Erlebnisse im Beichtstuhl erinnert. Sie hatten als Kinder die Zehn Gebote in- und auswendig gelernt. Und vor jeder Beichte hatten sie anhand der Zehn Gebote und eines Beichtspiegels, der diese Zehn Gebote auf eine banale Ebene herunterzog, ihr Gewissen überprüft. Wenn sie heute an die Zehn Gebote denken, dann fällt ihnen in erster Linie ihr schlechtes Gewissen ein. Wenn sie in der Adventszeit die Dose mit den Weihnachtsplätzchen der Mutter entdeckt und davon genascht hatten, kam sofort die Frage auf: »Habe ich jetzt gestohlen? Habe ich gegen das siebte Gebot verstoßen?« Die Zehn Gebote wurden also für die Kinder eher zu einem Schreckgespenst. Sie hatten einen düsteren Beigeschmack. Bei allem, was man tat, fragte man sich, ob man gegen die Gebote Gottes verstoßen habe und ob Gott einen dafür bestrafen würde.

Die Zehn Gebote waren kein Wegweiser zum Leben, sondern eher Drohungen, dass man sich peinlich genau an die Vorschriften der Eltern halten sollte. Doch ich möchte die alte Erziehung nicht nur negativ sehen. Die Menschen, die schon als Kinder die Zehn Gebote eingeschärft bekamen, haben oft ihr Leben lang darum gerungen, sie einzuhalten. Sie haben sie als Herausforderung gesehen, der sie sich stellen mussten. Und dadurch ist auch viel Segen für sie und andere entstanden. Die Gebote waren für sie ein Stachel, nicht nur an sich zu denken und um sich selbst zu kreisen, sondern sich der Verantwortung für andere und für diese Welt bewusst zu sein. Die Gebote haben sie in die richtige Richtung geführt. Auch wenn sie manchmal eher bedrohlich wirkten, hatten sie doch die Kraft, sie auf den Weg zu schicken. Und so sind sie auf ihrem Weg oft weiter gekommen als Menschen, die ohne die Orientierung der Gebote aufgewachsen sind. Daher möchte ich bei der Beschreibung der Gebote immer auch die Bemühungen vieler Menschen würdigen, sich an diese Gebote zu halten und dadurch diese Welt menschlicher zu gestalten.

Was geschieht, wenn man sich nicht an die Gebote hält, das hören und sehen wir heute täglich in den Medien. Wenn die Menschen nicht mehr wissen, was gut und richtig ist, wenn sie sich nicht mehr an vorgegebene Regeln und Maßstäbe halten, dann wird die Welt nicht menschlicher. Im Gegenteil, eine Welt ohne Gebote macht Angst. Auf nichts mehr ist Verlass. In Verhandlungen mit Firmen kann man sich nicht mehr auf die Ehrlichkeit verlassen. Die Hemmschwelle, zu töten, wird immer niedriger. Man spürt, dass die Gesellschaft zu einer Bedrohung wird. Man ist sich seines Lebens nicht mehr sicher. Selbst in seinem Haus fühlt man sich nicht mehr geschützt. Wenn Mord und Diebstahl zum Kavaliersdelikt werden, wird das Leben nur noch von Angst geprägt. Wenn die Ehe nicht mehr heilig ist, können keine Familien entstehen, die den Kindern Geborgenheit schenken. Und die Keimzelle der Gesellschaft beginnt sich aufzulösen. Damit aber verliert die Gesellschaft ihre tragende Grundlage.

So sehnt man sich danach, dass die Zehn Gebote von allen Menschen eingehalten werden. Dann könnte man ruhiger und gelassener miteinander leben.

Allein die Klage über das Nichteinhalten der Zehn Gebote macht die Welt nicht besser. Und durch bloßes Moralisieren werde ich nicht dazu beitragen, dass die Zehn Gebote sich bei den Menschen durchsetzen. Die Bibel spricht von »all diese(n) Worte(n)«, die Gott zum Volk sprach. (Exodus 20,1) Gott spricht das Volk in den Geboten an. Und es sind Worte, die die Freiheit schützen wollen, in die Jahwe sein Volk geführt hat. Gottes Worte sind immer Worte des Lebens, Worte der Liebe und Worte der Zuwendung. Es sind Weg-Worte, die wir mit auf unseren Weg nehmen können. »Dein Wort ist meinem Fuß eine Leuchte, ein Licht für meine Pfade«, betet der Psalmist. (Psalm 119,105) In den zehn Worten, die Gott zum Volk am Sinai gesprochen hat, weist er ihnen einen Weg, wie ihr Leben gelingen kann. Und Israel hat Gott immer wieder für die Weisheit gepriesen, die er ihnen in den Geboten geschenkt hat.

Die Gebote empfand das Volk Israel als Auszeichnung, nicht als Last. Im Psalm 119 meditiert ein Frommer die Weisheit und Wohltat der Gebote. Er betet: »Wären doch meine Schritte fest darauf gerichtet, deinen Gesetzen zu folgen! Dann werde ich niemals scheitern, wenn ich auf all deine Gebote schaue.« (Psalm 119,5 f.)

Das Volk befindet sich in der Wüste. Es hat erfahren, dass Gott es aus dem Sklavenhaus Ägypten herausgeführt hat. Es soll nicht von Neuem Sklave werden von anderen inneren und äußeren Tyrannen. Die Worte Gottes wollen das Volk für ein Leben in Freiheit befähigen. So sind es zehn Freiheitsworte, die Gott uns in den Zehn Geboten sagen möchte. Und es sind Worte des Bundes, in denen Gott sich verpflichtet, dass er uns die Freiheit schenkt, wenn wir bereit sind, uns an ihn zu binden, an ihn, den Gott, der herausführt aus dem Sklavenhaus in das Land der Freiheit. So heißt es im Buch Exodus: »Mose blieb dort beim Herrn vierzig Tage und vierzig Nächte. Er aß kein Brot und trank kein Wasser. Er schrieb die Worte des Bundes, die zehn Worte, auf Tafeln.« (Exodus 34,28)

Der Bund, den Gott mit dem Volk geschlossen hat, war für Israel Teil des erlösenden und heilenden Handelns Gottes. Gott bindet sich an das Volk. Gott ist treu. Er hält sich an seine Verheißungen. Aber auch das Volk muss sich an den Bund halten. Dann wird es ihm gut ergehen. Doch die Klage der Propheten ist immer wieder, dass das Volk den Bund gebrochen und die Gebote verletzt hat. Das Brechen des Bundes ist Ursache allen Unheils.

Die zehn Worte sind nicht nur Worte, die einfach der vernünftigen Überlegung entspringen, sondern sie sind Reaktion auf eine tiefe Gotteserfahrung. Das Buch Exodus beschreibt diese Erfahrung, die Mose in den vierzig Tagen und Nächten mit Gott und seinen zehn Worten gemacht hat, so: »Während Mose vom Berg herunterstieg, wusste er nicht, dass die Haut seines Gesichtes Licht ausstrahlte, weil er mit dem Herrn geredet hatte.« (Exodus 34,29) Paulus bezieht sich im Zweiten Korintherbrief auf diese Stelle. Er meint, wenn schon Mose, der Diener des Alten Bundes, solche Herrlichkeit ausstrahlte, wie viel herrlicher werden dann die Diener des Neuen Bundes sein. Und er sieht die Hülle, mit der Mose sein Gesicht bedeckte, als Bild für den Schleier, der auf den zehn Worten liegt. Viele verstehen sie falsch. Sie sehen nur den Buchstaben, aber nicht Gottes Herrlichkeit, die darin aufleuchten möchte.

In Jesus Christus können wir erst erkennen, was Gott uns in diesen zehn Worten geschenkt hat: »Bis heute liegt die Hülle auf ihrem Herzen, wenn Mose vorgelesen wird. Sobald sich aber einer dem Herrn zuwendet, wird die Hülle entfernt. Der Herr aber ist der Geist, und wo der Geist des Herrn wirkt, da ist Freiheit.« (2 Korinther 3,15–17)

Paulus hat verstanden, dass die Worte uns in die Freiheit führen wollen. Die Begegnung mit Jesus Christus hat den Apostel zu dieser Einsicht befähigt. Doch wer die Erfahrung Gottes und Jesu Christi nicht macht, wem Gottes heilende und befreiende Absicht in allem, was er uns sagt, nicht aufgeht, der tut sich schwer mit den Geboten. Der empfindet sie als Last, nicht als Weg in die Freiheit. Es braucht die Erfahrung Gottes, die immer auch eine Erfahrung wahrer Freiheit ist. Dann verstehen wir die Gebote als Schutz der Freiheit und als Anweisung in die wahre Freiheit.

Doch wir dürfen Paulus nicht missverstehen, so als ob alle Israeliten heute diese Worte falsch verstünden. Vielmehr wehrt sich Paulus nur gegen eine verengende Sichtweise, wie er sie damals bei manchen Juden sah und wie wir sie heute auch bei vielen Christen antreffen. Die Israeliten verbinden schon von der Sprache her *Torah* nicht mit der Vorstellung enger Gesetze und Gebote. *Torah* bedeutet Weisung, Wegweisung eines gütigen Gottes, der nicht will, dass die Menschen sich im Gestrüpp des Lebens verlaufen. *Torah* bedeutet die Unterweisung, die der Lehrer dem Schüler gibt, der Meister dem Lehrling und die Mutter dem Kind. Sinn der Unterweisung ist es, dass uns unser Leben gelingt. Martin Buber hat daher in seiner Bibelübersetzung die ersten fünf Bücher der Bibel »Fünf Bücher der Weisung« genannt. *Torah* meint den Wegweiser, der uns zeigt, auf welchem Weg wir ans Ziel gelangen und welcher Weg für uns der beste ist, damit unser Leben gelingt. Aber diese Weisung muss von Generation zu Generation weitergegeben werden.

Die Eltern hatten die Aufgabe, das Kind in den Geboten zu unterweisen. So fordert Gott im Buch Deuteronomium das Volk auf: »Diese Worte, auf die ich dich heute verpflichte, sollen auf deinem Herzen geschrieben stehen. Du sollst sie deinen Söhnen wiederholen. Du sollst von ihnen reden, wenn du zu Hause sitzt und wenn du auf der Straße gehst, wenn du dich schlafen legst und wenn du aufstehst. Du sollst sie als Zeichen um das Handgelenk binden. Sie sollen zum Schmuck auf deiner Stirn werden. Du sollst sie auf die Türpfosten deines Hauses und in deine Stadttore schreiben.« (Deuteronomium 6,6 – 9)

Die Söhne und Töchter fragen die Eltern nach der Bedeutung der Gebote. Wenn sie fragen, dann sollen sie antworten: »Wir waren Sklaven des Pharao in Ägypten, und der Herr hat uns mit starker Hand aus Ägypten geführt. Der Herr hat vor unseren Augen gewaltige, unheilvolle Zeichen und Wunder an Ägypten, am Pharao und an seinem ganzen Haus getan, uns aber hat er dort herausgeführt, um uns in das Land, das er unseren Vätern mit einem Schwur versprochen hatte, hineinzuführen und es uns zu geben. Der Herr hat uns verpflichtet, alle diese Gesetze zu halten und den Herrn, unseren Gott, zu fürchten, damit es uns das ganze Leben lang gut geht und er uns Leben schenkt, wie wir es heute haben.« (Deuteronomium 6,21 – 24)

Das Einhalten der Gebote ist Antwort auf die Befreiungstat Gottes. Es hält das Volk zusammen. Es ist die Bedingung, dass es dem Volk gut geht. Wenn die Eltern zu den Kindern von den Geboten Gottes sprachen, dann war das nicht irgendein Teil der Unterweisung, sondern der zentrale Kern. Denn davon hing es ab, dass das Volk wirklich Gottes Volk blieb und dass es auch künftig unter seinem Segen stand.

Gegenüber dieser positiven Bedeutung der Gebote in der jüdischen Tradition gab es zur Zeit Jesu eine Aufblähung der Gebote. Statt der Zehn Gebote gab es nun über 248 Gebote und 365 Verbote. Sie alle hatten für die Schriftgelehrten die gleiche Geltung. Die Ge- und Verbote regelten das Leben in allen Einzelheiten. Für die Pharisäer war das durchaus ein Versuch, die Gebote ins konkrete Leben zu übersetzen. Doch für viele wurden die Gebote damit zur Last. Und es ging oft nicht mehr um den Sinn, sondern bloß um den Buchstaben.

Jesus hat die Zehn Gebote nicht in viele Einzelgebote aufgefächert, sondern sie auf das Liebesgebot reduziert und damit verdichtet. Er hat verstanden, worum es in den Geboten letztlich geht: Es geht um die Frage, ob wir Gott und den Menschen und uns selbst lieben, ob die Liebe die eigentliche Grundlage unseres Lebens ist oder aber Hass und Zwietracht, Neid und Gewalt. Ohne Liebe bleiben die Gebote leer. Und ohne Liebe vermag ich letztlich kein Gebot zu erfüllen. Erst die Liebe füllt die Gebote mit Leben. Das ist die neue Deutung Jesu. Bei den Zehn Geboten möchte ich daher immer auch die Neuinterpretation durch Jesus aufgreifen, die den Geboten eine ganz bestimmte Sinnrichtung gibt.

In der Auslegung der einzelnen Zehn Gebote möchte ich jeweils zu Beginn auf die ursprüngliche Bedeutung zurückgreifen, bevor ich versuche, die Gebote so zu verstehen, dass sie mein konkretes Leben hier und heute betreffen. Die Weisungen beziehen sich nicht allein auf mein Verhalten Gott oder dem Nächsten gegenüber, sondern beschreiben zugleich, wie ich mich mir selbst gegenüber verhalten soll.

Ich kann sie auch als Spiegel verstehen, in denen ich mich und meinen inneren Zustand reflektiert sehe. Ich kann darin sehen, ob ich auf einem Weg bin, der für mich gut ist, oder ob ich in die Irre gehe. Und ich kann erkennen, wie es gerade um mich steht, ob ich selbst lebe oder gelebt werde, ob ich frei bin oder mich wieder von Neuem versklaven lasse.

Daher geht es nicht nur darum, dass ich die Gebote einhalte, sondern dass ich sie meditiere. Indem ich die zehn Worte Gottes meditiere, entdecke ich, wer Gott ist und wer ich selbst bin. In der Meditation erkenne ich die Weisheit Gottes in den Geboten und den Weg zum wahren Leben für uns Menschen.

Holländische Vertragspartner haben den Wunsch geäußert, dass ich das Thema der Zehn Gebote aufgreife. Sie hatten den Eindruck, dass dieses uralte Thema gerade heute wieder hochaktuell ist. Die holländischen Partner haben auf eine Fernsehreihe hingewiesen, die in Holland lief. Dort hatte man versucht, die Gebote nicht als Verbote zu formulieren, sondern als positive Aussage über mein Verhalten. Die Weisungen sind keine Verbote, sondern Anweisungen zum Leben. Ihre Formulierungen beziehen sich immer auf Verhaltensweisen, die in mir bereitliegen, die ich aber oft genug übersehe. Es sind Zusagen für ein gelingendes Leben.

Die Absicht der KRO (*Katholieke Radio Omroep – Catholic Broadcasting Company*) bei der Neuformulierung der Gebote war, dass sie sie auf eine persönliche Ebene transformierten. Sie verstanden sie als Regeln, die die Menschen von sich her leben möchten, und nicht als von außen auferlegte Gebote. Es sind Überzeugungen, die dem Herzen der Menschen entspringen und die ihrer tiefsten Würde entsprechen.

Ich habe die holländischen Zusagen den traditionellen Formulierungen der Zehn Gebote gegenübergestellt. So entsteht eine Spannung zwischen Weisung und Zusage, zwischen Gebot und Angebot. Die deutsche Sprache kennt noch diese Spannung. Das

Wort »Gebot« kommt ja von bieten, etwas anbieten, darreichen, bekannt machen, zeigen. Und es bezieht sich auf die Wurzel »bheudh«, was so viel wie »erwachen, geistig rege sein« bedeutet. Aus derselben Wortwurzel stammt auch der Name »Buddha«, der »Erwachte«. Gebote sind also Darreichungen Gottes, Angebote Gottes, die uns zeigen, wie das Leben gelingt. Aber nur jener kann sie verstehen, der erwacht ist, der dem Göttlichen begegnet ist. Und umgekehrt gilt: Wer sich auf die Gebote einlässt, der erwacht, dem öffnen sie die Augen für das Geheimnis gelingenden Lebens. Das andere deutsche Wort »Gesetz« kommt von »setzen«, »festsetzen«. Das Bild, das hinter diesem Wort steckt, bezieht sich auf einen guten Sitz. Ich kann gut sitzen, wenn alles um mich herum gut gesetzt ist, wenn die Mauern, die Stufen und die Stühle richtig gesetzt sind. Wir bezeichnen einen in sich ruhenden Menschen als gesetzt. Gesetze wollen uns also helfen, den richtigen Sitz zu finden, in uns zu ruhen und alles um uns herum richtig zu setzen, damit das Leben stimmt.

Gerade in Deutschland haben wir ein gestörtes Verhältnis zu Geboten und Gesetzen. Der Staat hat allzu viele kleinliche Gesetze erlassen. Und in der preußischen Tradition galt: »Gesetz ist Gesetz.« Das Gesetz verlangt absoluten Gehorsam. Und mit dem Missbrauch des Gehorsams im Dritten Reich haben wir auch den Geschmack an den Gesetzen verloren.

Im Alten Testament priesen die Juden hingegen Gott dafür, dass er ihnen so weise Gesetze gegeben hat. Psalm 19 singt das Lob auf das Gesetz des Herrn: »Die Weisung des Herrn ist vollkommen, sie erquickt den Menschen. Das Gesetz des Herrn ist verlässlich, den Unwissenden macht es weise. Die Befehle des Herrn sind richtig, sie erfreuen das Herz; das Gebot des Herrn ist lauter, es erleuchtet die Augen.« (Psalm 19,8 f.)

Die Gebote Gottes wollen keine Last sein, sondern den Menschen erfreuen und erquicken. Sie sollen seine Augen erleuchten, damit er die Welt so sieht, wie sie ist. Nur in diesem Sinn können wir die Gebote Gottes richtig verstehen. Sie sind eine Hilfe, dass das Leben gelingt. Sie schützen die Freiheit, die Gott dem Menschen geschenkt hat. Und sie sind Quelle von innerer Ruhe und Freude, von Weisheit und Einsicht.

Prolog

Ich bin der Herr, dein Gott

Bevor wir uns die Zehn Gebote genauer anschauen, müssen wir den Kontext betrachten, in dem sie uns überliefert werden. Im Buch Exodus leitet Gott selbst die Gebote ein mit dem Satz: »Ich bin Jahwe, dein Gott, der dich aus Ägypten geführt hat; aus dem Sklavenhaus.« (Exodus 20,2) Gott erinnert das Volk an das, was er für es getan hat. Er ist nicht irgendein Gott, der das Volk knechten möchte. Er hat in der Vergangenheit gut an ihm gehandelt. Er war für das Volk wirklich der, als der er sich Mose gegenüber offenbart hatte: als Jahwe, als der »Ich-bin-da«, als »Ich bin da für euch« (Exodus 3,14).

Er ist der Gott, der die Not der Israeliten gesehen und sich ihrer erbarmt hat. So hat sich Gott dem Mose am Dornbusch vorgestellt: »Ich habe das Elend meines Volkes in Ägypten gesehen, und ihre laute Klage über ihre Antreiber habe ich gehört. Ich kenne ihr Leid. Ich bin herabgestiegen, um sie der Hand der Ägypter zu entreißen und aus jenem Land hinaufzuführen in ein schönes, weites Land, in ein Land, in dem Milch und Honig fließen.« (Exodus 3,7 f.)

Wenn Gott nun dem Volk die zehn Worte als Weisung mitgibt, dann entspricht das seinem Handeln an seinem Volk. Seine Worte entspringen seinem Mitleid mit seinem Volk. Sie wollen die Menschen befreien von Fronvögten, die sie zur Höchstleistung antreiben und ausbeuten. Die zehn Worte sind Ausdruck von Gottes Sorge für sein Volk, dass es im Land der Freiheit gut leben kann, dass wirklich Milch und Honig fließen werden und sein Leben Frucht bringt.

Als Mose zu Gott auf den Berg steigt, beginnt Jahwe seine Ansprache, die dann in den zehn Weisungen mündet, mit den Worten: »Ihr habt gesehen, was ich den Ägyptern angetan habe, wie ich euch auf Adlerflügeln getragen und hierher zu mir gebracht habe. Jetzt aber, wenn ihr auf meine Stimme hört und meinen Bund haltet, werdet ihr unter allen Völkern mein besonderes Eigentum sein. Mir gehört die ganze Erde, ihr aber sollt mir als ein Reich von Priestern und als ein heiliges Volk gehören.« (Exodus 19,4–6)

Wenn ich diesen Vorspann zu den Zehn Geboten meditiere, dann sind es zwei Dinge, die mich besonders berühren. Gott spricht zärtlich zum Volk. Er hat es auf Adlerflügeln aus Ägypten herausgetragen und es in seine Nähe gebracht. Er ist nicht nur als der große Befreier für das Volk aufgetreten, sondern als mütterlicher Gott, wie ein Adler, der seine Jungen, die noch nicht fliegen können, mitnimmt in die Höhe, damit sie die Freiheit atmen und selbst fliegen lernen. Es ist ein fürsorglicher Gott, der wie eine Mutter für seine Kinder sorgt. Mit seinen zehn Worten will er weiterhin väterlich und mütterlich für sein Volk sorgen. Die Gebote sind gleichsam wie Adlerflügel, auf die Gott uns nimmt, um uns immer wieder aus dem Land der Knechtschaft in das Land der Freiheit zu tragen.

Und sie sind der Weg, um seine Nähe zu erfahren. In den Geboten erfährt Israel Gottes Nähe. So betet der Psalmist: »Öffne mir die Augen für das Wunderbare an deiner Weisung! Ich bin nur Gast auf Erden. Verbirg mir nicht deine Gebote! In Sehnsucht nach deinem Urteil verzehrt sich allezeit meine Seele.« (Psalm 119,18–20) Die Sehnsucht nach Gottes Nähe ist zugleich die Sehnsucht nach seinen Geboten, in denen Gott zum Volk spricht und in denen er ihm zeigt, dass er es gut mit ihm meint.

Der zweite Aspekt, der mir in der Meditation in die Augen fiel, ist die Auszeichnung, die Gott seinem Volk vorbehalten hat, wenn es auf seine Worte hört und sich danach richtet. Er zeichnet es aus als sein Sondereigentum, das ihm besonders lieb ist.

Und er macht sein Volk zu einem Reich von Priestern und zu einem heiligen Volk. Das Volk ist heilig. Es gehört Gott und hat teil an seiner Heiligkeit. Es ist herausgehoben aus der Welt. Die Welt hat über das Volk keine Macht. Es ist nicht einfach dem Terror dieser Welt mit ihren Kämpfen und Mächten ausgesetzt, sondern steht unter dem besonderen Schutz Gottes. Es ist ein Reich von Priestern. Alle Israeliten sind Priester, das heißt Mittler zwischen Gott und den Menschen. Das Volk hat eine priesterliche Funktion gegenüber den anderen Völkern. Indem es die Gebote einhält, wirkt es heilend und heiligend auf die ganze Welt. Priester sind Schützer des Heiligen. Und das Heilige ist immer auch das Heilende.

Indem das Volk Israel die Gebote einhält, schützt es das Heilige im Menschen. Das ist heilsam für den Menschen. Das macht ihn heil und ganz und bewahrt ihn vor innerer und äußerer Zerrissenheit. Das Einhalten der Gebote, das Heilighalten des Lebens durch das Volk ist ein priesterliches Werk an der ganzen Welt. Der Erste Petrusbrief hat diesen Satz übernommen, wenn er schreibt: »Ihr aber seid ein auserwähltes Geschlecht, eine königliche Priesterschaft, ein heiliger Stamm, ein Volk, das sein besonderes Eigentum wurde, damit ihr die großen Taten dessen verkündet, der euch aus der Finsternis in sein wunderbares Licht gerufen hat.« (1 Petrus 2,9)

Die große Tat, die wir Christen verkünden sollen, ist die Erlösung durch Jesus Christus in seinem Tod und seiner Auferstehung. Aber zu dieser großen Tat Gottes gehört auch die Weisung, die er uns immer wieder gibt, damit unser Leben gelingt.

Für mich bedeutet dieser Prolog zum einen: Die Zehn Gebote entspringen der Fürsorge Gottes für sein Volk. Gott möchte dem Volk helfen, dass es seine Freiheit im Land der Verheißung wahrt. Der Sinn der Gebote ist, dass das Volk »in Gemeinschaft

23

mit seinem Gott auf eigenem Land wohnen und dessen Reichtümer ohne versklavende Arbeit genießen« (Braulik, S. 50) kann.

Zum anderen: Es hat wenig Sinn, die Zehn Gebote moralisierend zu verkünden. Vielmehr geht es darum, in ihnen Wege der Freiheit zu entdecken und diese Freiheit so zu leben, dass sie ansteckend wird für andere. Israel ist ein Volk von Priestern. Das gilt auch von uns Christen. Wenn wir die Gebote in einer Welt einhalten, die sich von anderen Maßstäben leiten lässt, dann hat das eine heilende Wirkung auf die ganze Welt. Wir sollen also nicht auf die anderen schauen und ihnen das Ende der Welt ausmalen, wenn sie sich nicht an die Gebote halten. Vielmehr sollen wir die Weisungen als Anweisungen in ein gelingendes Leben in Freiheit und Würde für uns selbst verstehen und sie so leben, dass die Menschen spüren: So gelingt das Leben, so ist ein Leben in Freiheit möglich. So wird die Würde des Menschen gewahrt. So ist ein Miteinander der Völker und der Einzelnen möglich. Wenn eine Gruppe von Menschen die Gebote Gottes hält, dann ist das ein priesterliches Tun an allen Völkern. Dann ist das Stellvertretung für die anderen. Ihr Einhalten der Gebote wird die ganze Welt verändern. Wenn an einem Ort die Welt heller wird, ist die ganze Welt ein Stück verwandelt. Anstatt zu moralisieren und den Untergang der Welt auszumalen, wenn die Gebote nicht eingehalten werden, sollten wir daher der ansteckenden Wirkung eines neuen Verhaltens trauen. Und wir sollten Lust bekommen, die Gebote einzuhalten. Dann wird auch in anderen die Lust an einem Leben aus den Geboten geweckt.

Als Christen können wir die Zehn Gebote nicht anders sehen als durch die Brille Jesu Christi. Jesus hat in der Bergpredigt immer wieder Bezug auf die Zehn Gebote und auf deren Auslegung durch die jüdischen Schriftgelehrten genommen. Und er hat selbst auf eine unverwechselbare Weise die Gebote ausgelegt. Er hebt die Zehn Gebote nicht auf, sondern er fasst sie zusammen im Gebot der Liebe. Die Liebe löst die Gebote nicht auf, sondern erfüllt sie. »Denkt nicht, ich sei gekommen, um das Gesetz und die Propheten aufzuheben. Ich bin nicht gekommen, um aufzuheben, sondern um zu erfüllen.« (Matthäus 5,17) Jesus sieht die Zehn Gebote als Grundlage des menschlichen Lebens an. Aber er möchte aufzeigen, was ihr tiefster Sinn ist. Er möchte auf die Fülle des Lebens hinweisen, die in ihnen steckt.

Vor allem Matthäus hat Jesus als den neuen Gesetzeslehrer beschrieben, der in fünf großen Reden auf die Fünf Bücher Mose Bezug nimmt und vor allem in der Bergpredigt die Gebote Gottes auf neue Weise auslegt. Wie Mose die Gebote Gottes auf dem Berg empfing, so verkündet Jesus auf einem Berg die neue Gerechtigkeit, die neue Weise, aus dem Vertrauen auf Gott heraus zu leben. Doch der eigentliche Berg, auf dem seine Predigt ertönt, ist der Berg Golgotha, auf dem er sich für uns Menschen hingibt. Auf dem Berg Golgotha zeigt Jesus, wie er sich selbst an seine Worte hält. Da hält er die Gewaltlosigkeit durch. Da liebt er sogar noch seine Feinde. Am Kreuz kommt seine Liebe zur Vollendung. Da wird sichtbar, dass die Liebe die Zusammenfassung aller Gebote ist.

Dem alttestamentlichen Prolog »Ich bin der Herr, dein Gott« entspricht in der Bergpredigt das Vaterunser, um das herum die Bergpredigt gestaltet ist. In der Mitte aller Gebote steht die Erfahrung Gottes als unseres Vaters. Der Ort, an dem wir Gott als Vater erleben, ist das Gebet. Aber dem Gebet muss eine Antwort im Tun entsprechen.

Das Einhalten der Gebote ist die Antwort, die wir auf die Gotteserfahrung im Gebet geben sollen. Wenn wir sie geben, dann sind wir klug. Dann handeln wir wie ein kluger Mann, der sein Haus auf Felsen baute. »Als nun ein Wolkenbruch kam und die Wassermassen heranfluteten, als die Stürme tobten und an dem Haus rüttelten, da stürzte es nicht ein; denn es war auf Fels gebaut.« (Matthäus 7,25) Jesus sieht also das Einhalten der Gebote ähnlich, wie es das Alte Testament tut. Wer die Gebote Gottes einhält, dessen Leben gelingt. Sein Lebenshaus fällt nicht zusammen. Es ist auf einen sicheren Grund gebaut.

I

Du sollst keine anderen Götter neben mir haben!

+

Gott ist da

Das erste Gebot hat Gott zu Menschen gesprochen, die davon überzeugt waren, dass es viele Götter gab, dass neben Jahwe noch die Götter der Ägypter, der Kanaaniter und Jebusiter existierten. Für einen Griechen war es zum Beispiel selbstverständlich, dass er in Rom auch den römischen Göttern opferte. Doch gegenüber dieser Vielfalt von Göttern pocht der Gott Israels darauf, dass er der einzige Gott ist. Er beansprucht für sich Ausschließlichkeit. Das scheint uns heute fremd zu sein. Doch darin liegt eine eigene Kraft. Wer einmal den Ruf eines Moslems gehört hat: »Allah'u akbar«, »Gott ist einzig«, der spürt, wie viel Kraft davon ausgeht. Es ist die Überzeugung, dass es nur einen Gott gibt und dass mein ganzes Denken und Sinnen auf diesen einen und einzigen Gott gerichtet sein soll. Das führt auch den Menschen zur Einheit. Es bewahrt ihn vor der Beliebigkeit, vor der Zerrissenheit. Es macht ihn ganz.

Allerdings kann der Ruf »Allah'u akbar« auch zum Schlachtruf werden, um Andersgläubige zu bekämpfen. Daher ist die Ausschließlichkeit Gottes immer ambivalent. Sie kann dazu missbraucht werden, sich über andere zu stellen. Walter Fürst sagt zu Recht, dass wir beides brauchen: den Absolutheitsanspruch und die Toleranz: »Das Wesen der Religion besteht darin, dass ein Absolutheitsanspruch erhoben wird.« (Hofmeister/Bauerochse, S. 29)

Wenn eine Religion nicht Absolutheit beansprucht, gibt sie sich selbst auf. Absolutheitsanspruch heißt aber in erster Linie, dass Gott mich absolut in Anspruch nimmt, dass ich diesem Gott nicht ausweichen möchte, sondern ihn als den alleinigen Herrn meines Lebens anerkenne. Absolutheitsanspruch heißt aber nicht, dass ich mich über andere stelle. Daher braucht es den Gegenpol: die Religionsfreiheit und die Toleranz. Ich bekenne damit, dass der eine und einzige Gott, den ich verehre, auch für die anderen wichtig ist. Es ist derselbe Gott. Nur die Bilder sind verschieden. Und ich weiß, dass die Bilder nicht Gott sind, sondern nur auf Gott verweisen. Gott beziehungsweise das Göttliche ist immer noch anders, anders als Juden, Christen, Moslems und Hindus es sich vorstellen. Gott übersteigt alle unsere Vorstellungen. Aber im Wesen Gottes liegt, dass er Absolutheit beansprucht und dass wir keine anderen Götter neben ihm verehren.

Für die Israeliten sollte das erste Gebot die Freiheit schützen, in die Jahwe sein Volk geführt hat. Andere Götter zu verehren macht abhängig. Israel musste in seiner Geschichte immer wieder erfahren, dass es sich selbst versklavt hat, wenn es auch die Götter Kanaans verehrte, wenn es auf seinen Hügeln den Baalskult betrieb. Da mussten Standbilder aufgestellt und komplizierte Rituale vollzogen werden. Und die anderen Götter, die man verehrte, führten zu einem inneren Zwiespalt. Man machte sich letztlich von ihnen abhängig. Man wollte sich nach allen Seiten hin absichern und alle Götter zufrieden stellen. Doch das führte in die Unfreiheit und in den Zwang, alle etwaigen Götter besänftigen zu müssen.

Der Gott Israels brauchte nicht besänftigt zu werden. Er wollte anerkannt werden als der einzige Gott, dem sich die Israeliten mit ganzem Herzen zuwenden sollten. Diese Anerkennung des einzigen Gottes führte dazu, dass Israel seine Identität bewahrte in einer Welt, in der andere Völker mächtiger waren. Doch der Glaube an den einzigen Gott gab diesem kleinen Volk in Palästina eine Kraft, die die Welt bestaunte.

Doch was bedeutet das Gebot für uns heute? Für uns heißen die Götter heute nicht Baal oder Astarte, sondern Erfolg oder Besitz, Reichtum oder Ansehen, Vergnügen oder Ruhm. Wenn Gott nicht die Mitte unseres Lebens ist, dann greifen andere Götter nach uns. Dann wird uns wichtig, was andere von uns halten. Dann machen wir uns abhängig von ihrer Meinung, von ihrer Zustimmung, von ihrer Zuwendung.

Oder wir machen uns abhängig von bestimmten Methoden. Wenn wir die oder jene Diät anwenden, geht es uns besser. Wenn wir diese Art des Joggens ausprobieren, ist es für unsere Gesundheit am besten. Heute werden in vielen Illustrierten und Ratgeberbüchern ständig neue Methoden angepriesen, die uns das Glück verheißen. Doch ich erlebe viele Menschen, die dadurch nicht glücklicher werden, sondern sich auf neue Weise versklaven. Wenn Gott die Mitte meines Lebens ist, komme auch ich in meine Mitte. Wenn ich Gott Gott sein lasse, dann werde ich wahrhaft Mensch. Gott ist der Garant wahrer Freiheit. Götzen haben immer die Tendenz, die Menschen zu versklaven.

Heute suchen viele Christen auch in anderen Religionen nach spirituellen Wegen. Verstößt das gegen das erste Gebot? Wir dürfen hier nicht zu eng denken. Die katholische Kirche sagt im Zweiten Vatikanischen Konzil von den anderen Religionen: »Nichts von alledem, was in diesen Religionen wahr und heilig ist, wird von der katholischen Kirche verworfen. Überall werden von ihr jene Handlungs- und Lebensweisen, jene Vorschriften und Lehren aufrichtig ernst genommen, die, wenngleich sie von dem, was sie selbst für wahr hält und lehrt, in vielem abweichen, doch nicht selten einen Strahl jener Wahrheit widerspiegeln, die alle Menschen erleuchtet.« (Erklärung über das Verhältnis der Kirche zu anderen Religionen, S. 2)

Das Göttlich-Transzendente, nach dem Hindus, Buddhisten

und Moslems sich sehnen, entspricht letzten Endes dem Heiligen im christlichen Sinne. Es sind nur jeweils andere Bilder von dem einen Göttlich-Transzendenten. Der Dialog mit anderen Religionen ist heute eine dringende Notwendigkeit für den Frieden in der Welt. Allerdings bedeutet der Dialog nicht völlige Vermischung aller religiösen Wege. Denn das führt nicht zum Gelingen des Lebens. Vielmehr bleiben oft wurzellose Menschen zurück, Menschen, die keinen festen Grund mehr unter den Füßen haben.

Fulbert Steffensky berichtet von einem Theologiestudenten, der zu spät in sein Seminar kam, weil er noch bei seinem Meister in der indianischen Schwitzhütte war. Und er müsse früher weg, um das Seminar über islamische Sufi-Mystik nicht zu verpassen. Steffensky meint dazu: »Man kann in einer globalen Welt, in der alles Mögliche an Versatzstücken und Glaubensfragmenten aus anderen Religionen auf uns zukommt, schon fragen, wo wir eigentlich zu Hause sind.« (Steffensky, S. 18)

Wir brauchen eine religiöse Identität, eine innere Klarheit, wohin wir gehören. Wer religiös unbehaust ist und überall sucht, der baut sich zwar ein eigenes religiöses Haus zusammen. Aber meistens ist dieses nicht tragfähig. Er kann sich darin nicht heimisch fühlen. Graf Dürckheim, bei dem ich in den siebziger Jahren öfter war und der als Christ sich intensiv mit der Zen-Meditation auseinandergesetzt hat, meinte immer: Man kann nur einen Dialog mit anderen Religionen führen, wenn man sich seiner eigenen Identität sicher ist, wenn man eine klare Grundlage hat. Sonst schwärmt man von vielen Wegen, ist hin- und hergerissen und weiß schließlich nicht, wohin man gehört. Und der Lebensbaum wird nie einwurzeln. Ohne Wurzeln aber kann unser Baum keine Frucht bringen.

Es geht heute um einen Dialog mit anderen Religionen, bei dem wir um unsere Identität wissen und zu ihr stehen, bei dem wir dankbar sind für unsere christlichen Wurzeln und für den Reichtum, den uns die eigene Glaubensgeschichte anbietet. Aber es geht nicht um Enge und Rechthaberei. Entscheidend ist, in welche Erfahrung uns der eigene Glaube führt. Wenn wir über unsere Erfahrungen sprechen, dann werden wir erkennen, dass auch Hindus, Buddhisten und Moslems in ihrem Gebet und ihrer Meditation ähnliche Erfahrungen machen. Diese dürfen wir achten und von ihnen können wir lernen und uns herausfordern lassen. Aber wir deuten diese Erfahrung von unserem christlichen Kontext her. Das gibt uns Klarheit.

Zugleich öffnet uns der Dialog mit anderen Religionen die Augen für die Größe Gottes. Gott ist größer als alle Religionen. Er übersteigt unser Denken und Vorstellen. Daher führt der Dialog letztlich zum Geheimnis des ganz anderen Gottes, des einzigen und alleinigen Gottes, der über allem steht und für alle da ist.

Gott will uns mit seiner Weisung, keine fremden Götter neben sich zu haben, davor bewahren, uns in neue Abhängigkeiten zu begeben. Wenn Gott nicht die Mitte unseres Leben ist, fallen tausend Götzen in den leer gebliebenen Gottesraum ein. Dann versklavt uns der Gedanke, ob andere Menschen mehr haben als wir, ob sie intelligenter sind als wir, ob sie besser aussehen als wir. Dann machen wir uns abhängig vom Götzen der Meinungsumfragen. Dann definieren wir uns von der Beliebtheitsskala her. Das ist dann kein Leben in Freiheit und Würde. Ständig leben wir in Angst, was andere von uns denken könnten.

Sicherheit kann so zu einem Götzen werden, genauso wie Leistung, Fortschritt, Macht, Lust. Vitus Seibel beschreibt die fremden Götter folgendermaßen: »Es sind oft Dinge, Bedingungen des menschlichen Lebens, Strukturen, die in sich gut und wichtig und erstrebenswert sind, die ihre Bedeutung haben, damit das menschliche Leben gelingt. Wenn sie an ihrem Platz bleiben, wenn sie sich nicht absolut setzen, wenn sie relativ bleiben, bezogen auf etwas anderes, was wichtiger ist. Aber diese Dinge, Bedingungen, diese Gefüge haben oft die Tendenz, sich mehr anzumaßen, als ihnen zusteht. Eine Macht, die sie über mich ausüben wollen, ein Recht, über mich verfügen zu können und mit mir umzugehen, sich an die Stelle meines Gottes zu setzen und sich selber als meine Götter aufspielen.« (Seibel in Keller, S. 30)

Die Götzen haben die Tendenz in sich, mich gefangen zu nehmen. Auf einmal fühle ich mich in einem Teufelskreis, aus dem ich nicht mehr ausbrechen kann. Die Sucht nach Macht hat mich derart im Griff, dass ich mich nicht mehr daraus befreien kann. Die Mahnung, keine fremden Götter neben dem einzigen Gott zu haben, ist daher eine Einweisung in die Freiheit. Wenn ich Gott gehöre, dann bin ich frei von dem Zwang, bestimmten Menschen zu gehören oder den Gruppen zugehörig zu sein, die heute das Sagen haben. Der Gott, den Israel erfahren hat, ist wesentlich ein Gott, der in die Freiheit führt. Götzen dagegen versklaven. Das erste Gebot will daher unsere Freiheit schützen.

Im Neuen Testament hat Jesus dieses erste Gebot aufgegriffen, es aber weitergeführt in ein Gebot der Liebe. Auf die Frage eines Gesetzeslehrers, welches Gebot im Gesetz das wichtigste sei, antwortet Jesus: »Du sollst den Herrn, deinen Gott, lieben mit ganzem Herzen, mit ganzer Seele und mit all deinen Gedanken. Das ist das wichtigste und erste Gebot.« (Matthäus 22,37 f.) Jesus bezieht sich mit diesen Worten auf die Auslegung des ersten Gebotes im Buch Deuteronomium. Vor diesem Gebot soll jeder Israelit täglich sagen: »Höre, Israel! Jahwe, unser Gott, Jahwe ist einzig.« (Deuteronomium 6,4)

Weil Gott sich als einzig erweist für Israel, soll es ihn auch allein lieben, und zwar mit ungeteiltem Herzen. »Einzig« entspringt hier nicht der Sprache der Überlegenheit oder der Ausschließlichkeit, sondern der Liebessprache. Georg Braulik kommentiert diese Stelle mit den Worten: »›Einzig‹ ist vielmehr ein Topos der Liebessprache … Nur als der Gott Israels ist Jahwe ›einzig‹, als der von Israel allein geliebte Gott ist er einzigartig.« (Braulik, S. 56) Wir sollten Gott als den einzigen Gott in unserem Herzen, in unserer Seele und in unseren Gedanken haben. Wir sollen unser Herz nicht an die Nichtigkeiten dieser Welt hängen.

Gott zu lieben, das heißt für mich: alle Sehnsüchte meines Herzens, alle Ahnungen meiner Seele und alle meine Gedanken immer wieder an ihr Ende zu lenken. Und dieses Ende ist letztlich Gott. Alle Sehnsucht des Herzens zielt auf Gott. Alle numinosen Ahnungen meiner Seele meinen den einen und einzigen Gott. Und alle Gedanken, die ich zu Ende denke, landen bei Gott. In jeder großen Liebe sind wir immer schon offen für Gott. Jede Hoffnung übersteigt diese Welt in Gott hinein.

Gott mit ganzem Herzen zu lieben bedeutet nicht, die Welt und die Menschen zu hassen. Vielmehr versteht Jesus die Gottesliebe so, dass sie in der Liebe zum Nächsten sich ausdrückt. Daher fügt Jesus der Nennung des ersten Gebotes ein zweites hinzu: »Ebenso wichtig ist das zweite: Du sollst deinen Nächsten lieben wie dich selbst.« (Matthäus 22,39)

Wir lieben Gott im Nächsten. In jedem menschlichen Gesicht leuchtet uns Gottes Antlitz auf. Und wir lieben Gott, indem wir uns selbst lieben, indem wir gut mit uns umgehen, indem wir in uns das Geschöpf Gottes lieben. Wer sich selbst verachtet, verachtet auch Gott, der ihn geschaffen hat. Jesus legt das erste Gebot also in einer Weise aus, die das Gottesbild vieler Frommer damals wie heute auf den Kopf stellt. Ob ich Gott liebe oder nicht, das zeigt sich in der Liebe zum Nächsten und zu mir selbst. Das ist die stärkste Verteidigung menschlicher Freiheit.

Gott darf nicht dazu missbraucht werden, sich selbst zu versklaven. Und er darf nicht als Schlachtruf verwendet werden, andere Menschen zu unterdrücken. Vielmehr ist die Verehrung des einen und einzigen Gottes der Garant menschlicher Freiheit. Denn die Liebe zu Gott mit ganzem Herzen verlangt auch die Liebe zu seinen Geschöpfen. Gott steht für die Achtung der Geschöpfe. Er steht für ihre Freiheit ein. Wer diese Verbindung von Gottesliebe und Nächstenliebe zerstört, der – so sagt es Jesus – hat nicht verstanden, was das erste Gebot meint. Er ist in Gefahr, Gott zu einem Götzen zu machen und sich selbst damit zu vergötzen. Gott als den einzigen Gott zu verehren führt zu einem neuen Verhältnis zum Nächsten und zu sich selbst, zu einem Verhältnis, das dem anderen seine Freiheit garantiert und das auch mich innerlich frei macht von allen Versklavungen, in die mich diese Welt bringen möchte.

Die positive Aussage dieses ersten Gebotes ist: Gott ist da. Gott ist die eigentliche Wirklichkeit deines Lebens. Wenn du Gott in deinem Leben da sein lässt, dann kommt dein Leben in Ordnung, dann wirst du frei sein von allen Götzen, die dich versklaven wollen. Rechne mit Gott. Gott ist keine blasse Wirklichkeit, sondern eine machtvolle und starke, eine alles umfassende und bestimmende Realität. Im Alten Testament sagt Gott von sich: »Ich, der Herr, dein Gott, bin ein eifersüchtiger Gott.« (Exodus 20,5)

Gott setzt sich für uns ein. Er kümmert sich um uns. Er liebt uns. Daher können wir nicht einfach an ihm vorbeigehen. Wir sollen ihn mit ganzem Herzen, mit ganzer Seele und mit all unseren Gedanken lieben. Wir sollen ihm ungeteilt anhangen. Wir sollen unser Herz nicht teilen, etwas ihm geben und ansonsten unser Herz an andere Dinge heften. Natürlich dürfen wir auch Menschen lieben und ein gutes Glas Wein. Aber kein Mensch und kein Wein und kein Besitz darf zur Konkurrenz Gottes werden und Gottes Stelle in unserem Herzen einnehmen.

Wenn Gott da ist und wenn alles, was uns begegnet, von Gott kommt, dann dürfen wir auch von ganzem Herzen einen Menschen und die Dinge lieben. Dann nehmen sie in uns nicht den Platz Gottes ein. Dann haben wir keine anderen Götter neben uns, sondern wir lieben diese Wirklichkeit als die von Gott geschaffene und uns geschenkte.

Gott ist da – das heißt auch: den Primat Gottes in meinem Leben ernst nehmen. Gott soll ich an die erste Stelle setzen. Das kann nur der verstehen, der wie die Israeliten eine tiefe Gotteserfahrung gemacht hat. Mose hatte auf Befehl Gottes das Volk an den Berg Sinai geführt. Keiner durfte den Berg besteigen außer Mose. »Am dritten Tag, im Morgengrauen, begann es zu donnern und zu blitzen. Schwere Wolken lagen über dem Berg, und gewaltiger Hörnerschall erklang. Das ganze Volk im Lager begann zu zittern.« (Exodus 19,16)

Im Donnern und Blitz erahnte das Volk die Macht und Größe Gottes. Dieser Gott war kein harmloser Gott, sondern ein Gott, der einem in die Knochen fahren konnte, vor dem alles erbebte und zitterte. Nur wem Gott in seinem Herzen aufgegangen ist, wer von ihm in seinem Innersten berührt wurde, der wird das erste Gebot als Weg in die Freiheit verstehen. Es soll ihn wach halten, dass er diesen Gott, der ihm begegnet ist, nie vergisst, sondern immer damit rechnet: Gott ist da. Wenn das meine tiefste Wirklichkeit ist, dann kommt mein Leben in Ordnung, dann atme ich auf und fühle mich frei von allen Götzen dieser Welt.

II

Du sollst dir kein Bild
von Gott machen!
Du sollst den Namen Gottes
nicht verunehren!

+

Ich ehre

Das Verbot, sich von Gott ein Bild zu machen, wurde von den christlichen Kirchen – außer von den reformierten Kirchen, die hier Calvin folgen – übergangen. Das zweite Gebot wurde darauf reduziert, den Namen Gottes nicht zu verunehren. Und doch wird im Buch Exodus das zweite Gebot wesentlich länger beschrieben: »Du sollst dir kein Gottesbild machen und keine Darstellung von irgendetwas am Himmel droben, auf der Erde unten oder im Wasser unter der Erde. Du sollst dich nicht vor anderen Göttern niederwerfen und dich nicht verpflichten, ihnen zu dienen. Denn ich, der Herr, dein Gott, bin ein eifersüchtiger Gott: Bei denen, die mir feind sind, verfolge ich die Schuld der Väter an den Söhnen, an der dritten und vierten Generation; bei denen, die mich lieben und auf meine Gebote achten, erweise ich Tausenden meine Huld. Du sollst den Namen des Herrn, deines Gottes, nicht missbrauchen; denn der Herr lässt den nicht ungestraft, der seinen Namen missbraucht.« (Exodus 20,4–7)

Die reformierten Kirchen haben daraus zwei Gebote gemacht, sodass das vierte Gebot »Du sollst Vater und Mutter ehren« bei ihnen an fünfter Stelle kommt. Dafür nehmen sie das neunte und zehnte Gebot – gemäß der Formulierung im Buch Exodus – als ein Gebot.

Für das Judentum ist es ein zentrales Gebot, sich von Gott kein Bild zu machen und Gott nicht auf irgendeine Weise darzustellen. Und es bleibt auch für uns Christen nach wie vor gültig. Im Umfeld Israels war es üblich, sich Bilder von Gott zu machen. Man schnitzte Gottesbilder und trug sie mit sich herum. Man fiel vor dem Gottesbild nieder. Doch auch die aufgeklärten

Menschen der damaligen Zeit konnten unterscheiden zwischen dem Bild, das sie sich von Gott machten, und dem ganz anderen Gott.

Gott verbietet dem Volk, sich solche Bilder zu machen. Gott ist und bleibt der, den man nicht darstellen kann. Die Nichtdarstellbarkeit Gottes führt zu einem tiefen Gespür dafür, dass Gott unverfügbar ist, dass er ganz anders ist. Und es heißt zugleich, dass wir diesen Gott gar nicht infrage stellen können. Denn wir können nur einen Gott infrage stellen, von dem wir genau wissen, wie er ist. Gott bleibt aber für die Juden immer der Unbegreifliche, der sich unserem intellektuellen Zugriff entzieht. Er ist das Geheimnis, das wir nur erahnen können. Wir können und dürfen Gott nicht auf ein Bild festlegen. Denn die Bilder sind immer Werke des Menschen. Gott ist aber keine Schöpfung des Menschen, sondern der unverfügbare Schöpfer allen Seins.

In der Ostkirche war im siebten Jahrhundert ein heftiger Bildersturm entfacht. Die einen wollten das biblische Verbot hochhalten, die anderen argumentierten damit, dass Jesus das wahre Ebenbild Gottes ist. In den Ikonen stellte man daher nie Gott selbst dar, sondern immer nur den Widerschein Gottes in Jesus Christus und in den Heiligen. Die Heiligen sind nicht Gott. Aber sie verweisen uns auf Gott. Die Ostkirche war sich immer bewusst, dass wir Gott nicht direkt darstellen können. Aber wir können und dürfen seinen Widerschein in Jesus Christus und in den Heiligen darstellen.

Die Bilder öffnen uns für das Geheimnis Gottes. Die Bilder weisen immer über sich hinaus in das nicht mehr Darstellbare. Aber sie sind doch Einfallstore Gottes in unsere Seele. Bilder wollen Gott nicht festlegen. »Das Bild ist eine Tür, die zu einer anderen Tür führt.« Dieses Wort des spanischen Malers Antoni Tàpies zeigt, in welchem Sinn wir religiöse Bilder verstehen sol-

len, ohne dem alttestamentlichen Bilderverbot zu widersprechen.

Im Islam ist das zweite Gebot das wichtigste überhaupt. Daher kennt der Islam keine Frage nach der Gerechtigkeit Gottes. Ein frommer Moslem würde nie fragen: »Wie kann Gott
das zulassen?« Wenn ich diese Frage stelle, verstoße ich für ihn
schon gegen das zweite Gebot. Denn dann mache ich mir ein
Bild von Gott. Wir würden uns durch so eine Frage gegen den
unbegreiflichen Gott versündigen.

Der Moslem denkt: Gott macht keine Fehler. Das, was mir
zustößt, ist das Schicksal, »Kismet«, das mir Zugeteilte. »Kismet« bedeutet eigentlich das Gebrochene. Gott bricht mir vom
Brot etwas ab und reicht es mir. Und ich habe nicht zu fragen,
ob ich damit zufrieden bin. Ich muss es als das von Gott Zugeteilte annehmen. Diese Haltung führt im Islam zu einer tiefen Ergebenheit in Gott. Daher dürfte es nach islamischer Lehre
keinen Selbstmord geben. Der Moslem rebelliert nicht gegen
Gott, sondern ergibt sich in seine unbegreiflichen Ratschlüsse.
Die Selbstmordattentäter stellen sich mit ihrem Suizid außer-
halb der islamischen Religion.

Was bedeutet das zweite Gebot, uns keine Gottesbilder zu
machen, für uns heute? Brauchen wir nicht Bilder von Gott?
Können wir von Gott überhaupt sprechen, ohne uns ein Bild
von ihm zu machen? Auf der einen Seite brauchen wir Bilder.
Ohne Bilder können wir keine Aussage von Gott machen. Aber
wir sollten immer wissen, dass es Bilder sind und dass Gott jen-
seits aller Bilder ist. Und wir sollten um die Gefahr wissen, uns
ein Gottesbild zurechtzuschnitzen, das uns nicht mehr wehtut.
Wir wollen Gott in unsere Denkweise hineinzwängen.

Da steht das zweite Gebot immer als Mahnung vor Augen:
Lasse Gott Gott sein. Reduziere ihn nicht auf deine Vorstellun-

gen. Vor allem aber benutze Gott nicht für dich selbst, damit es dir besser geht, damit du dich gut fühlst. Mach aus dem Gott des Exodus keinen Wellness-Gott. Gott ist der Unbeschreibliche. Es ist eine ständige Aufgabe, sich von seinen eigenen Gottesbildern zu befreien. Wir haben in uns eine Tendenz, Gott für uns zu vereinnahmen und ihn nach unserem Bild und Gleichnis zu formen. Dann schnitzen wir uns wie die Völker rings um Israel letztlich auch einen Götzen.

»Überall, wo die Bilder und die Namen Gottes nicht mehr Sprachversuche und Annäherungen sind; wo die Namen und Bilder nicht mehr große Liebesspiele sind, sondern als endgültige Feststellungen und Klarlegungen begriffen werden, da besteht die Gefahr, einen Götzen zu haben statt einen Gott.« (Steffensky, S. 24)

In der jüdischen Tradition des Bilderverbotes steht auch der Philosoph und Begründer der »Kritischen Theorie« und der Frankfurter Schule, Max Horkheimer. Für ihn bedeutet das Bilderverbot, »dass Gott nicht darstellbar ist, dass aber dieses Nicht-Darstellbare der Gegenstand unserer Sehnsucht ist«. Die Religion hat die Aufgabe, die Sehnsucht nach dem Ganz Anderen wachzuhalten. Sie feiert Rituale und hält an ihren heiligen Texten fest, um in unserer Gesellschaft, die alles vereinnahmen möchte, die Sehnsucht nach dem Ganz Anderen zu wecken. Und mit dieser Aufgabe leistet sie eine wichtige Aufgabe in unserer Gesellschaft und bewahrt sie vor totalitären Tendenzen. Mit ihrem Verweis auf das Nicht-Darstellbare zerbricht die Religion das Bestreben der Gesellschaft, alles zu benennen und darzustellen und es dadurch zu beherrschen.

Das Bilderverbot bezieht sich auch auf unser Sprechen von Gott. Es gibt heute gefährliche Weisen, von Gott zu sprechen. Amerikanische Massenprediger sprechen so von Gott, dass sie ihre Zuhörer damit manipulieren, dass sie Gott missbrauchen, um alles Mögliche zu versprechen. Mir schenkte eine Frau ein typisch amerikanisches Buch: Bete und werde reich. Gott wird also hier unter einem ganz bestimmten Bild verkauft, unter dem Bild des erfolgreichen Geschäftsmannes, unter dem Bild des Börsengurus, der immer den richtigen Tipp hat. Das Bilderverbot ist eine Anfrage an unser Sprechen von Gott. Es will die Art und Weise, wie wir von Gott sprechen, kultivieren.

Jesus antwortet auf das alttestamentliche Bilderverbot im Johannesevangelium mit dem Wort an Philippus: »Schon so lange bin ich bei euch, und du hast mich nicht erkannt, Philippus? Wer mich gesehen hat, hat den Vater gesehen.« (Johannes 14,9) Jesus versteht dieses Wort nicht in einem rein äußeren Sinn, als ob der, der ihn sieht, genau den Vater sieht. Vielmehr erklärt Jesus, wie er das Sehen des Vaters versteht: »Glaubt mir doch, dass ich im Vater bin und dass der Vater in mir ist.« (Johannes 14,11)

Das Sehen, das Jesus meint, ist ein tieferes Sehen. Für ihn besteht der Glaube in einer neuen Sichtweise. Ich sehe in diesem Jesus nicht ein Bild, das ich festhalten kann. Vielmehr erkenne ich im Glauben, dass Jesus in Gott ist und Gott in Jesus. Das Sehen ist also nicht das Schauen eines festen Bildes, sondern einer Beziehung. Ich sehe im Glauben das Ineinander von Gott und Jesus. Ich sehe an seinen Worten, an seinen Werken, an seiner Ausstrahlung etwas, das mehr ist als der Mensch. Im Menschen Jesus erkenne ich den unsichtbaren Gott. Das ist keine Festlegung Gottes auf ein Bild, sondern die Öffnung unserer Augen für den unsichtbaren und unbegreiflichen Gott, der sich dennoch in das Antlitz eines Menschen einprägt, um als Bild hinter den Bildern, als bildloses Bild im Antlitz Jesu aufzuleuchten.

Im Matthäusevangelium, in dem Jesus die Zehn Gebote auf neue Weise auslegt, antwortet Jesus auf das Bilderverbot mit dem Wort: »Niemand kennt den Sohn, nur der Vater, und niemand kennt den Vater, nur der Sohn und der, dem es der Sohn offenbaren will.« (Matthäus 11,27) Jesus nennt Gott Vater. Er gebraucht ein Bild von Gott. Vater ist ein Beziehungsbild. Was ein Vater ist, erfährt nur der, der den Vater erleben darf als einen, der ihm den Rücken stärkt, als einen, zu dem er mit seinen Sorgen kommen darf. Wer in eine persönliche Beziehung zu Gott eintritt, der darf ihn wie Jesus Vater nennen. Er hat dann ein Bild von Gott, aber ein Bild, das nicht einengt, sondern für Gott öffnet. Es ist nicht ein Bild, mit dem ich mich Gottes bemächtige, sondern ein Bild, in dem ich mich Gott anvertraue und mich ihm übergebe.

Heute besteht die Gefahr, dass manche gar keine Bilder mehr von Gott haben. Sie hören von Gott, können sich aber nichts darunter vorstellen. Gott ist für sie zu einer leeren Floskel geworden. Sie bräuchten Bilder, die ihren Geist für Gott öffnen. Solche Menschen hat Jesus offensichtlich im Blick, wenn er ihnen in seiner Predigt ein Bild Gottes vor Augen malt. Unter den Evangelisten gilt Lukas als Maler. Er versteht die Kunst, mit Worten ein Bild zu malen. In seinem Evangelium malt Jesus für uns wunderbare Bilder von Gott. Da ist das Bild des barmherzigen Vaters, der den verlorenen Sohn in die Arme schließt. Da ist das Bild des Sämanns, der seinen Samen in den Acker unserer Seele aussät, das Bild einer Frau, die die verlorene Drachme in uns sucht.

Gott wird als Freund beschrieben, der nachts für uns aufsteht, um uns zu geben, was wir brauchen. Gott ist der gute Hirt, der das verlorene Schaf sucht und es liebevoll auf die Schulter nimmt und nach Hause trägt. Bilder, die in einer Beziehung entstehen, legen niemals fest, sondern sie ermöglichen eine tiefere Liebe zu dem Geliebten. So spricht Jesus von Gott in einer Sprache der Liebe. Es ist die einzig mögliche Sprache, in der Bilder von Gott entstehen dürfen.

Weil Gottesbild und Selbstbild eng zusammenhängen, bedeutet für mich das Bilderverbot auch, dass ich mir kein Bild von mir mache. In unserer Zeit, da die Selbstdarstellung nicht nur für viele Prominente zum Inhalt ihres Lebens wird, ist es ein heilsames Verbot, von sich selbst eine Statue zu machen, die man bewundern sollte. Aber das Verbot reicht tiefer. Ich bin immer auch in Gefahr, ein bestimmtes Selbstbild von mir zu haben. Ich kenne das geringe Selbstbild, in dem ich mich selbst entwerte: »Ich bin zu langsam. Ich bin nicht intelligent genug. Ich entspreche nicht den Erwartungen meiner Umgebung.«

Aber es gibt auch das übertriebene Selbstbild: »Ich bin besser als die anderen. Ich habe mehr erreicht als sie. Ich verdiene mehr Geld als sie. Ich bin ein spiritueller Mensch. Ich bin gelassen und stehe über den Dingen.« Mit solchen Selbstbildern legen wir uns fest. Und oft genug benutzen wir Gott, um unser Selbstbild zu erhöhen. Das zweite Gebot will uns sagen: Verzichte auf alle Bilder, die du dir von dir selbst machst. Im Grunde weißt du selbst nicht, wer du bist. Dein innerstes Wesen kannst du nicht beschreiben. Es entzieht sich dir.

Gott hat sich von dir ein Bild gemacht. Und diesem Bild sollst du entsprechen. Aber du kannst dieses Bild nicht darstellen. Du kannst es nicht beschreiben. Du spürst nur, ob du mit ihm in Berührung bist. Wenn du »stimmig« bist, stimmst du überein mit dem inneren Bild. Wenn dein Leben fließt, darfst du darauf vertrauen, dass du aus dem innersten Wesen heraus lebst. Aber verzichte darauf, dir ein Bild zu machen. Es wird in dir immer wieder viel auftauchen, was du noch nicht kennst. Lasse es zu. Das Leben ist ein Abenteuer. Du wirst immer neue Seiten in dir entdecken. Deine Geschichte mit Gott ist eine offene Geschichte. Gott führt dich in die Freiheit. Er befreit dich auch von deinen eigenen Festlegungen auf ein Bild von dir. Er schafft dir weiten Raum. Gehe deinen Weg und verzichte darauf, dich auf deinen Selbstbildern auszuruhen. Dein

Bild von dir wird sich immer wandeln, bis es im Tod eingeht in den ganz anderen Gott.

Das Bilderverbot gilt aber auch für unsere Mitmenschen. Es meint nicht nur, dass wir andere nicht zum Idol machen, dem wir nachlaufen und quasi göttliche Verehrung zuteil werden lassen. Wir sollen auch andere nicht in eine Schublade stecken, sie nicht festlegen auf die Bilder, die wir uns von ihnen machen. Auch der andere Mensch ist ein Geheimnis, das wir nicht verstehen. Immer dann, wenn wir einen Menschen festlegen auf ein bestimmtes Bild, »findet ein Begräbnis statt, das Begräbnis meiner Möglichkeiten« (Sölle in Bauer, S. 22).

Max Frisch hat in seinem Drama *Andorra* geschildert, wohin es führt, wenn die Menschen einen anderen in ein Bild stecken. In Andorra lebt ein junger Mann, von dem man glaubt, er sei jüdischer Abstammung. Man steckt ihn in das Bild des typischen Juden. »Dieses Bild formt ihn, es drängt sich an die Stelle der noch offenen Wirklichkeit und verdrängt alle ihre anderen Möglichkeiten. Es versklavt den jungen Mann, ohne dass die Bildermacher dies merkten.« (Ebd., S. 25)

Die Leute meinen, ein Jude denke immer nur ans Geld. Schließlich glaubt der junge Mann selbst, dass er nur ans Geld denkt. Er wird von dem Bild bestimmt und schließlich führt das Festlegen auf das Bild des Juden zu seinem Tod. Erst im Tode stellen die Leute fest, dass er einer von ihnen ist. Bilder können töten. Das zweite Gebot hütet die Freiheit des Menschen. »Der Mensch ist nicht abbildbar, ohne Schaden zu nehmen, er kann nicht berechnet, fixiert und festgelegt werden durch die Eigenschaften, die man an ihm beobachten kann, er wird nicht definiert durch Rasse, Klasse und Geschlecht, durch Anlage, Milieu und Erziehung.« (Ebd., S. 26)

Die Journalistin Doris Weber bezieht das Bilderverbot auf das Verbot, uns durch Klonen Menschen nach unserem eigenen Bild heranzuzüchten. Sie zitiert den Tübinger Moraltheologen Dietmar Mieth, der das Verbot, sich ein Bild zu machen, auf die Tendenz bezieht, uns durch Eingriff in die Erbmasse ein Menschenbild nach dem Maß der Gene zu formen. Damit würden wir die Würde des Menschen aufgeben. Mieth schreibt: »Im Grund ist die Würde ein Spiegel dessen, was es heißt: Du sollst dir kein Bildnis machen. Würde ist der Ausdruck unserer Unverfügbarkeit, unserer Unfixierbarkeit und in diesem Sinne auch das Verbot, uns in irgendeiner Weise bildlich festzuhalten.« (Mieth in Hofmeister/Bauerochse, S. 44)

Wir möchten uns gerne Bilder vom Menschen machen, die keine Krankheiten und Behinderungen zulassen. Doch damit würden wir den Menschen auf unser Perfektionsideal festlegen. Und wehe dem Menschen, der diesem Ideal dann doch nicht entspricht. Der Mensch lässt sich nicht einfach durch den Eingriff in die Gene formen. Er braucht Liebe und Geborgenheit, Sicherheit und Halt, um in der Begegnung mit Menschen und mit Gott in die Gestalt hineinzuwachsen, die Gott sich von ihm gemacht hat. Doch dieses einmalige Bild, das Gott sich gerade von diesem einmaligen Menschen geformt hat, lässt sich nicht mit Worten beschreiben. Es ist ein Bild, das uns erwartet und einen weiten Horizont eröffnet, und nicht ein Bild, das uns festlegt.

Der zweite Teil des zweiten Gebotes verlangt von uns, Gottes Namen nicht zu verunehren oder nicht zu missbrauchen. Früher haben sich die Menschen in der Beichte angeklagt, dass sie Gottes Namen missbraucht hätten, wenn sie fluchten. Sie benützten oft religiöse Worte, um ihren Ärger zum Ausdruck zu bringen. Das Fluchen mit religiösen Ausdrücken ist heute zurückgegangen. Es gibt andere Kraftausdrücke, die einem in solchen Situationen einfallen, Ausdrücke, die eher der fäkalen Sprache entstammen.

Gottes Namen nicht zu ehren heißt für mich jedoch etwas anderes. Da ist einmal die Erziehung. Ich missbrauche den Namen Gottes, wenn ich Gott als Schreckgespenst in der Kindererziehung benutze, wenn ich ständig mit Gott drohe: »Du wirst schon sehen, wo du landest! Gott weiß alles und sieht alles!« Mit solchem Missbrauch Gottes wurden viele Menschen in ihrer Kindheit verletzt. Tilman Moser hat in seinem Buch *Gottesvergiftung* beschrieben, wohin solcher Missbrauch führt. Er vergiftet die Seele des Kindes. Denn das heilende Bild Gottes wird in seiner Seele zum bedrohlichen und überfordernden Bild.

Heute ist noch eine andere Weise des Missbrauchs gefährlich: Der Name Gottes wird für politische Zwecke missbraucht. Da wird im Namen Gottes ein Krieg gegen die sogenannte »Achse des Bösen« begonnen. Im Namen Gottes werden Parlamentarier, die ehrlich nach einer vernünftigen Gesetzesregelung der Abtreibungsproblematik suchen, ermordet oder aber beschimpft. Da werden im Namen Gottes Attentate verübt und unschuldige Menschen getötet. Der Name Gottes wird zur Rechtfertigung der eigenen Politik missbraucht. Das hat nichts mehr mit dem Gott zu tun, der sich Israel in der Wüste offenbart hat.

Gerade dort, wo der Name Gottes missbraucht wird, um die eigenen Minderwertigkeitsgefühle gewaltsam auszuagieren, sehnen wir uns nach der Autorität des alttestamentlichen Gottes und seiner Gebote. Und wir sehnen uns danach, dass Religionsgemeinschaften – seien es Christen, Moslems oder Hindus – solchen Missbrauch öffentlich verurteilen und sich klar davon distanzieren.

Und es gibt den Missbrauch des Namens Gottes in der geistlichen Begleitung. Da gibt es geistliche Führer, die für sich zu wissen beanspruchen, wer Gott ist und was Gottes Wille für den anderen bedeutet. Sie sprechen von Gott, aber eigentlich missbrauchen sie ihn, um ihre eigenen Machtbedürfnisse gegenüber den anderen zu kaschieren. Geistlicher Missbrauch geschieht immer dann, wenn ich dem anderen im Namen Gottes etwas aufzwinge, was seinem Wesen widerspricht, oder wenn ich Gott dazu benutze, dem anderen zu drohen, wenn er meinen Anweisungen nicht folgt: »Du wirst schon sehen, wohin du kommst, wenn du Gottes Willen nicht befolgst. Ich weiß, was Gottes Wille für dich ist. Wenn du gehorsam wärest, würdest du meinen Worten folgen. Sie sind Gottes Worte für dich.«

Im Namen Gottes werden Menschen eingeschüchtert. Der geistliche Missbrauch kann sogar ähnliche Auswirkungen wie der sexuelle haben. Er führt zur Verwirrung der Gefühle. Man glaubt vom geistlichen Begleiter, dass er eine besondere Nähe zu Gott hat. Zugleich spürt man, dass sein Verhalten ganz anders ist. So ist man innerlich verwirrt, ob man Gott selbst richtig sieht oder ob nicht doch der geistliche Begleiter recht hat. Da die Religion eine ähnlich intime Angelegenheit ist wie die Sexualität, führt der geistliche Missbrauch oft dazu, dass Menschen der Boden unter den Füßen entzogen wird. Sie werden wurzellos und innerlich hin- und hergerissen zwischen ihrer religiösen Sehnsucht und der verletzenden Erfahrung.

Das Verbot, den Namen Gottes zu missbrauchen, hängt eng mit dem Bilderverbot zusammen. Das wird deutlich am Phänomen des Fanatismus: »Wenn wir Bild und Gott verwechseln, gleichsetzen, dann haben wir einen absoluten Punkt zur Verfügung, einen, über den wir uns fanatisch ereifern können. Das Wort ›fanatisch‹, man muss es in Erinnerung rufen, kommt von ›fanum‹, das heißt ›das Heilige‹. Einer, der irgendetwas in der

Welt so heiligspricht, so göttlich, dass er bereit ist, dafür Menschen zu opfern, ist ein Götzendiener und ein Fanatiker, auch wenn er seinen ›Götzen‹ Gott nennt.« (Keller, S. 38 f.)

Wer fanatisch für seinen Glauben eintritt, hat sich immer schon ein festes Bild von Gott gemacht. Und er missbraucht diesen selbst gefertigten Gott, um seine eigenen verdrängten Aggressionen und Machtbedürfnisse auszuagieren. Das Schlimme ist, dass er sich dabei im Recht fühlt. Er beschimpft und bekämpft die anderen, die Gottlosen, ja im Namen Gottes. So ist gerade das zweite Gebot heute aktueller denn je.

Jesus hat das Gebot, den Namen Gottes nicht zu missbrauchen, nicht direkt zitiert. Aber durch seine Predigt und sein Verhalten hat er einen Kommentar dazu gegeben. Markus berichtet uns von der ersten Predigt Jesu in der Synagoge von Kafarnaum. »Und die Menschen waren sehr betroffen von seiner Lehre; denn er lehrte sie wie einer, der (göttliche) Vollmacht hat, nicht wie die Schriftgelehrten.« (Markus 1,22)

Auf die Predigt Jesu hin schrie ein Mann, der von einem unreinen Geist besessen war, laut auf. Man könnte sagen: Ein Mann, der ein dämonisches Gottesbild hatte, der sich ein unklares und getrübtes Bild von Gott gemacht hatte, der Gott für sich vereinnahmt hatte, der spürte, dass er in der Gegenwart Jesu dieses Bild nicht mehr aufrechterhalten konnte. So schrie er laut auf. Die klaren Worte Jesu trafen ihn ins Herz und zerrten seinen Missbrauch Gottes ans Tageslicht. Er hatte nicht über Gott gelästert. Aber er hatte offensichtlich so von Gott gesprochen, dass dieser seinen eigenen Vorstellungen diente. Solchen Missbrauch ließ die Predigt Jesu nicht zu. Jesus verkündete Gott so, dass die Menschen spürten: Das stimmt. Wenn dieser Jesus spricht, dann ist Gott erfahrbar, dann ist Gott mitten unter uns. Und wir können nicht anders, als uns ihm zu öffnen und uns ihm hinzugeben.

Die positive Zusage des zweiten Gebotes lautet: Ich ehre. Ich lasse Gott seine Ehre, sein Ansehen und seine Herrschaft. Ehren kommt vom griechischen »aidesthai«, das »scheuen, verehren« heißt. Im Deutschen kennen wir das Wort »Ehrfurcht«. Wir haben ein Gespür für den ganz anderen Gott. Wir scheuen uns, ihn auf unsere Begriffe festzulegen. Wir schauen auf zu ihm als dem unbegreiflichen und unbeschreibbaren Gott. Wir lassen uns von Gott betreffen. Wir vereinnahmen Gott nicht für uns, sondern verehren ihn. Wir lassen ihn Gott sein.

Das führt in die wahre Freiheit. Denn Gott für sich zu missbrauchen führt in die Sklaverei der Macht. Ich merke gar nicht, wie ich durch den Missbrauch Gottes in die Sklaverei meiner unterdrückten Machtbedürfnisse gerate. Wenn ich Gott ehre, komme ich selbst zu Ehren. Der Gott, der nicht hinabgezogen wird in menschliche Bilder und Bedürfnisse, wird mich auch nicht beugen, sondern im Gegenteil: Er wird mich aufrichten und meine unantastbare Würde beschützen.

III

Gedenke,
dass du den Sabbat heiligst!

+

Dieser Tag ist heilig

Das Gebot, den Sabbat zu heiligen, wird im Alten Testament auf zweifache Weise begründet. Im Buch Exodus heißt es: »Sechs Tage darfst du schaffen und jede Arbeit tun. Der siebte Tag ist ein Ruhetag, dem Herrn, deinem Gott, geweiht. An ihm darfst du keine Arbeit tun: du, dein Sohn und deine Tochter, dein Sklave und deine Sklavin, dein Vieh und der Fremde, der in deinen Stadtbereichen Wohnrecht hat. Denn in sechs Tagen hat der Herr Himmel, Erde und Meer gemacht und alles, was dazugehört; am siebten Tag ruhte er. Darum hat der Herr den Sabbattag gesegnet und ihn für heilig erklärt.« (Exodus 20,9–11)

Hier wird das Sabbatgebot mit dem Hinweis auf die Schöpfung begründet. Weil Gott von seinen Werken geruht hat, sollten auch wir am Sabbat Abstand finden zu unserer Arbeit und an der Sabbatruhe Gottes teilhaben. Es ist also eine Wohltat, die Gott uns schenkt. Im Sabbatgebot ist nicht davon die Rede, dass wir einen Gottesdienst feiern sollen.

Viele Christen haben das Sabbatgebot auf das kirchliche Sonntagsgebot mit der Aufforderung, die heilige Messe zu besuchen, reduziert. Doch Gott meint ursprünglich etwas anderes. Karl Rahner drückt es so aus: »Gott sorgt in diesem Gebot, wenn man so sagen darf, nicht für seine Ehre und seinen Kult, sondern für den Menschen und seine Freiheit und Befreiung. Gott will dem Menschen eine regelmäßige Zeit der Ruhe schaffen.« (Rahner in Keller, S. 60) Der Sabbat ist also eine Wohltat. Aber wir Menschen haben daraus eine Leistung gemacht, die man genau befolgen soll. Gott wollte dem Menschen einen Freiraum schaffen, in dem er aufatmen kann.

Gott hat den Sabbat gesegnet. Segen bedeutet im Alten Testament Fruchtbarkeit. Gott hat in der Schöpfungsgeschichte Mann und Frau gesegnet, dass sie sich vermehren sollen. Wenn Gott den Sabbat segnet, will er, dass unser Leben Frucht bringt. Wenn wir uns eine Weile von unserer Arbeit ausruhen, tut das auch der Arbeit gut, sie wird fruchtbarer. Wir brauchen Abstand zu unserer Arbeit, damit sie wirklich Frucht bringen kann. Wir kennen die Manager, die ausgebrannt sind, weil sie keinen Sonntag mehr kennen, weil sie auch das Wochenende dazu benutzen, ihre liegen gebliebene Arbeit zu erledigen.

Aber der Segen des Sabbats erstreckt sich nicht nur auf die Arbeit. Wir als Menschen werden aufblühen, wenn wir uns jede Woche die Sabbatruhe gönnen und in der Ruhe spüren, was Gott Gutes in uns geschaffen hat. Wir brauchen die Ruhe, damit sich die inneren Kräfte in uns regenerieren. Die Sabbatruhe bedeutet, dass wir wie Gott von unserem Leben sagen können: »Es ist alles gut.«

Und Gott hat den Sabbat für heilig erklärt. Heilig ist in der Bibel das Abgesonderte, das, was aus der Welt herausgenommen wird. Der Sabbat ist geheiligt, was bedeutet: Er ist herausgenommen aus dem Herrschaftsbereich der Welt, aus dem Terror der Termine, aus dem Druck der Erwartungen, dem wir uns ständig ausgesetzt fühlen. Es ist eine heilige Zeit, die uns und Gott gehört, in der niemand über uns verfügen kann. Es ist eine freie Zeit, in der wir aufatmen und uns frei fühlen von allem, was sonst täglich auf uns einstürmt.

Das Heilige ist immer auch das Heilende. Der Sabbat ist ein Heilmittel für uns Menschen, damit wir nicht in die Hektik, in einen nervösen Fieberzustand geraten, sondern in der Ruhe zu unserer Mitte finden, heil werden und ganz.

Im Buch Deuteronomium wird der Sabbat mit dem Hinweis auf die Befreiung aus Ägypten begründet: »Denk daran: Als du in Ägypten Sklave warst, hat dich der Herr, dein Gott, mit starker Hand und hoch erhobenem Arm dort herausgeführt. Darum hat es dir der Herr, dein Gott, zur Pflicht gemacht, den Sabbat zu halten.« (Deuteronomium 5,15)

Hier wird in einem anderen Bild ausgedrückt, dass es am Sabbat um die Freiheit geht. Weil Gott sein Volk aus der Sklaverei in Ägypten befreit hat, soll der Sabbat uns davor bewahren, uns selbst mit Arbeit zu versklaven. Die Sabbatruhe ist also Ausdruck der Freiheit, dass wir uns von keinen Fronvögten antreiben lassen, dass niemand über uns bestimmt. Und der Sabbat ist ein Tag, der gleichsam alle Unterschiede zwischen Herren und Sklaven, zwischen Menschen und Tieren aufhebt. Gott möchte, dass wir am Sabbat alle diffamierenden Unterschiede innerhalb der menschlichen Gesellschaft beenden. Alle sollen am Fest des Sabbats teilnehmen.

Mit dem Sabbatgebot untergräbt Gott »die Basis einer sklavenhaltenden Gesellschaft, ja jeder Klassengesellschaft« (Lohfink in Keller, S. 68). Wenn wir am Sabbat oder am Sonntag gemeinsam das Fest der Befreiung durch Gott feiern, dann sollte das auch während der Woche zu einem anderen Miteinander zwischen Alt und Jung, zwischen Mann und Frau, zwischen Einheimischen und Ausländern, zwischen Schwarz und Weiß führen.

Schon zur Zeit Jesu war der Sinn des Sabbatgebotes nicht mehr klar. Da hat man die Sorge Gottes für die Freiheit des Menschen missverstanden und den Menschen durch kleinliche Sabbatregeln eingeengt. Jetzt war es wichtiger, sich genau an die Vorschriften zu halten und ängstlich darüber zu wachen, dass Gottes Wille erfüllt würde. Jesus hat bewusst diese engen Regeln übertreten. Als er mit seinen Jüngern am Sabbat durch die Kornfelder ging, regten sich die Pharisäer auf und meinten, das sei doch am Sabbat verboten. Da verteidigte Jesus das Verhalten seiner Jünger mit den Worten: »Der Sabbat ist für den Menschen da, nicht der Mensch für den Sabbat.« (Markus 2,27)

Wenn das Sabbatgebot den Menschen versklavt, dann hat es nichts mehr mit dem ursprünglichen Willen Gottes zu tun. Jesus hat verstanden, dass alle Gebote Gottes eine Wohltat für den Menschen sind. Gott hat die Gebote nicht gegeben, um seinen Willen durchzusetzen, sondern um dem Menschen ein menschenwürdiges Leben zu ermöglichen.

Jesus hat bewusst am Sabbat geheilt. Die Israeliten verzichteten am Sabbat darauf, Gott um etwas zu bitten. Denn damit würden sie die Sabbatruhe Gottes stören. »Wenn Gott sich schon während der Woche um den Menschen kümmerte, sollten sich die Menschen wenigstens am Sabbat um Gott kümmern.« (Limbeck, S. 134) Wenn Jesus am Sabbat heilt, dann predigt er ein anderes Gottesbild. Gott ist immer für uns da. Zur Zeit Jesu legte man das Sabbatgebot so aus, dass man nur in Todesgefahr jemanden heilen durfte. Doch Jesus hält sich nicht daran. Er zeigt in seinem Verhalten den ursprünglichen Sinn des Sabbats auf. Am Sabbat soll der Mensch sich seiner ursprünglichen Gestalt erinnern, in der Gott ihn geschaffen hat. Der Sabbat ist dazu da, all die Deformierungen des Menschen durch die alltäglichen Verletzungen zu heilen und ihn wieder so aufzurichten, wie Gott ihn haben wollte.

Im Lukasevangelium heilt Jesus die gekrümmte Frau am Sabbat. Als der Synagogenvorsteher sich darüber aufregt, antwortet ihm Jesus: »Bindet nicht jeder von euch am Sabbat seinen Ochsen oder Esel von der Krippe los und führt ihn zur Tränke? Diese Tochter Abrahams aber, die der Satan schon seit achtzehn Jahren gefesselt hielt, sollte am Sabbat nicht davon befreit werden dürfen?« (Lukas 13,15 f.)

Am Sabbat soll der Mensch die Freiheit feiern, die Gott ihm

geschenkt hat. Daher widerspricht die Heilung nicht dem Sabbatgebot. Es geht immer um das Heil des Menschen, nicht um bloße Gesetzlichkeit. Im Markusevangelium begründet Jesus die Heilung des Mannes mit der verdorrten Hand am Sabbat mit den Worten: »Was ist am Sabbat erlaubt: Gutes zu tun oder Böses, ein Leben zu retten oder es zu vernichten?« (Markus 3,4) Wer nur am Buchstaben des Gesetzes festhält, tut letztlich Böses und vernichtet das Leben. Es geht Gott im Sabbatgebot jedoch darum, dem Menschen Gutes zu tun und sein Leben zu retten und zu heilen.

Jesus hat uns mit seinen Heilungen die eigentliche Bedeutung des Sabbats vor Augen geführt. Die Menschen sollten sich am Sabbat ihrer ursprünglichen Freiheit innewerden. »Das Volk soll an diesem Tag auch an das Glück und an die Schönheit des eigenen Anfangs denken, an die Schöpfung und an das Paradies ... Die Anfangserinnerung wurde zur Hoffnung auf das, was einmal werden soll im Reiche der Himmel. Alle Lebensmühe wird dort vorbei sein, niemand wird mehr Beute des anderen, und die Königswürde von allen wird offenbar werden. Und so trat man am Sabbat heraus aus der Mühsal der Gegenwart. Die Menschen spielten das, was sie einmal sein werden: Freie im Land der Freiheit; Söhne und Töchter dieses Gottes, der das Reich der Güte errichtet hat.« (Steffensky, S. 29)

Wir Christen haben ähnlich wie die Juden zur Zeit Jesu das Sonntagsgebot nicht in seinem Angebot der Freiheit verstanden, sondern es auf kleinliche Regeln heruntergezogen. Wir feiern dann richtig den Sonntag, wenn wir uns bewusst werden, dass Jesus Christus uns in seinem Tod und seiner Auferstehung befreit hat von allen uns versklavenden Mächten dieser Welt.

Die Heilung der gekrümmten Frau am Sabbat zeigt uns, was der eigentliche Sinn des Sabbatgebotes ist. Wir feiern dann den Sonntag richtig als Tag der Auferstehung, wenn wir mit Christus aufstehen aus dem Grab unserer Angst und Resignation, wenn wir aufstehen, um das Leben zu feiern, das uns Christus in seiner Auferstehung geschenkt hat. In seiner Auferstehung hat er uns von allen Fesseln befreit, die uns einengen möchten. Da dürfen wir uns wie die gekrümmte Frau aufrichten, um Gott zu loben. Wir entdecken unsere Würde. Wir erkennen, dass wir mehr sind als Pflichterfüller und Lastenträger. Wir haben eine göttliche Würde. Wir sind frei von allen Erwartungen, die andere an uns richten.

Die Feier des Sonntags ist ein Fest der Freiheit, in der wir uns befreien von dem, was die Gesellschaft und der Staat und die Wirtschaft von uns ständig fordern. Am Sonntag kann und darf uns niemand knechten, niemand zu »knechtischer Arbeit« zwingen.

Der Sonntag ist ein Freiraum, den Gott uns schenkt. Er schützt uns vor der Verabsolutierung des Staates und den Interessen der Wirtschaft. Heute gibt es viele Kräfte in unserer Gesellschaft, die den Sonntag dem Diktat der Wirtschaft unterstellen wollen. Dagegen gilt die Kritik des Begründers der »Kritischen Theorie«, Max Horkheimer. Er meint, gerade in ihrer Sperrigkeit würden die Religionen in der Gesellschaft die Sehnsucht nach dem Ganz Anderen wachhalten. Und ohne diese Sehnsucht, dass das Diesseitige nicht alles ist und etwas in uns der Herrschaft der Wirtschaft entzogen wird, würde die Gesellschaft brutal und kalt werden.

Der Sonntag ist der sichtbare Protest der Religion gegen die Verabsolutierung staatlicher und wirtschaftlicher Macht. Nicht wirtschaftliche Zwänge sollen uns bestimmen, sondern Gott, der uns diesen Zwängen entreißt und uns einen heiligen, einen heilenden und heilsamen Tag reserviert. Ein anderer jüdischer Theologe, Abraham J. Heschel, beschreibt diese Unabhängigkeit von den nach uns greifenden Mächten des totalitären Staates und einer alles beanspruchenden Gesellschaft mit Worten, die sowohl für den Sabbat als auch für den Sonntag gelten: »Den Sabbat feiern bedeutet, unsere letzte Unabhängigkeit von Zivilisation und Gesellschaft zu erfahren, von Leistung und Angst. Der Sabbat ist eine Verkörperung des Glaubens, dass alle Menschen gleich sind und dass die Gleichheit der Menschen ihren Adel ausmacht. Die größte Sünde des Menschen ist es, zu vergessen, dass er ein Königskind ist.« (Heschel in Steffensky, S. 31)

Gitta Marnach nennt den Sonntag einen »Gegenentwurf zu einer Gesellschaft, in der der Einzelne nur so viel gilt, wie er zum Wirtschaftsprozess beiträgt. Der Sonntag widersetzt sich dem Diktat der Produktivität und schärft den Widerstandsgeist gegen eine Entwicklung, in der sich die Arbeitszeit allmählich in eine Verfügbarkeit rund um die Uhr verwandelt« (Marnach in Hofmeister / Bauerochse, S. 65).

Die Journalistin hat verstanden, dass der Sonntag unsere Freiheit schützt. Wenn er aufgegeben wird, werden wir dem Diktat der Wirtschaft unterworfen. Und wir werden ständig verfügbar. Es gibt keine private Zeit mehr, keine Zeit mehr, aufzuatmen und auszusteigen aus dem Karussell des Immer-mehr-Verkaufens-und-Leistens.

Viele Christen haben heute wieder einen neuen Sinn für das Geheimnis des Sonntags entwickelt. Sie spüren, wie gut es tut, den Sonntag bewusst anders zu gestalten, ihn nicht mit Veranstaltungen vollzustopfen, sondern einfach einmal aufzuatmen. Wenn ich am Sonntag durch eine ruhig gewordene Stadt gehe, dann erlebe ich die Wohltat eines gemeinsamen Ruhetages. Am Sonntagmorgen ist die Stadt ruhig. Kirchenglocken prägen die Stimmung. Und doch beklagen sich die Pfarrer, dass die Kirchen am Sonntag immer leerer werden. Offensichtlich wird die Sonntagskultur nicht mehr mit einem Gottesdienst gefeiert.

Allerdings gibt es durchaus neue Wege. In Frankfurt hat die Liebfrauenkirche einen Sonntagabendgottesdienst um halb neun Uhr eingeführt, der von vielen jungen Menschen besucht wird. Für viele ist der Sonntagmorgen eher ein Tag des Ausschlafens und In-Ruhe-Frühstückens geworden. Viele Familien mit Kindern tun sich schwer, den Besuch der Eucharistiefeier in ihrer Gestaltung des Sonntags unterzubringen. Es braucht hier gemeinsames Überlegen, wie der Sonntag wieder zu einem heiligen Tag werden kann. Manche möchten am Morgen die Ruhe des Sonntags genießen und lieber den Sonntag durch die Vorabendmesse heiligen oder aber am Sonntagabend mit einem Gottesdienst abschließen.

Für mich persönlich ist es wichtig, am Sonntagvormittag Eucharistie zu feiern. Da bekommt der ganze Sonntag eine andere Prägung. Aber Familien haben manchmal einen anderen Rhythmus. Viele bemühen sich redlich, den Sonntag als heiligen Tag zu feiern. Für mich war mein Vater immer Vorbild. In den fünfziger Jahren wurde die Post noch am Sonntag ausgetragen. Doch mein Vater ließ die Sonntagspost immer ungeöffnet. Nach dem Gottesdienst ging er allein nach Maria Eich, einem kleinen Wallfahrtsort in der Nähe von München, um dann zum Mittagessen pünktlich daheim zu sein. Nachmittags ging er dann mit uns Kindern spazieren. So habe ich von ihm eine eigene Sonntagskultur gelernt.

Viele Eltern bemühen sich ähnlich wie mein Vater um die Feier des Sonntags. Sie spüren, dass es für die ganze Familie heilsam ist, gemeinsam den Sonntag auf andere Weise zu begehen, sich für den Gottesdienst festlich zu kleiden und sich für die Mahlzeiten mehr Zeit zu nehmen als sonst. Und sie genießen die freie Zeit, die sie wandernd oder spielend miteinander verbringen.

Das holländische Fernsehen hat das Sabbatgebot als positive Zusage formuliert: »Dieser Tag ist heilig.« Er ist ein Freiraum mitten in der Welt, eine heilige Zeit, die uns guttut und heilsam ist für Leib und Seele. Sie befreit uns von äußerem Druck und lässt uns aufatmen. Dieser Tag schützt unsere Freiheit und erinnert uns jede Woche daran, wer wir eigentlich sind: Könige und Königinnen, die selbst leben, anstatt gelebt zu werden, die über sich bestimmen, anstatt von anderen beherrscht zu werden.

Der heilige Tag entreißt uns dem Terror der Welt und führt uns in die Nähe Gottes. In Gottes Nähe werden wir selbst heilig. Da werden wir dem Diktat des Immer-mehr-Leisten-Müssens entrissen. Da hat der Terminkalender keine Macht mehr über uns. Und in der Nähe des heiligen Gottes werden wir heil und ganz. Da kommen wir zu uns, in unsere Mitte. Und von dieser Mitte aus können wir unseren Alltag gelassen, ohne versklavt zu werden, bewältigen.

IV

Du sollst Vater und Mutter ehren!

+

Ich respektiere meine Herkunft

Das Gebot, Vater und Mutter zu ehren, wurde den Kindern häufig von den Eltern eingetrichtert. Sie wollten mit dem Hinweis auf dieses Gebot den Gehorsam der Kinder erzwingen und jede Rebellion im Keim ersticken. Doch wenn das Gebot als Erziehungsmittel missbraucht wurde, hat es sich oft genug negativ auf die Kinder ausgewirkt. Entweder haben sie sich einschüchtern lassen und haben dann nie den Mut gefunden, den Eltern zu widersprechen oder sich von ihnen zu lösen. Sie haben ihr ganzes Leben lang auf die Stimme der Eltern gehört und nie der Stimme ihres eigenen Herzens gelauscht. Oder aber sie haben sich gegen die Eltern aufgelehnt und wollten nichts mehr von diesem Gebot wissen. Oft genug war die Auflehnung mit einem schlechten Gewissen gepaart. So wurden sie nicht wirklich frei von den Eltern. Das schlechte Gewissen hat sie immer noch an die Eltern gebunden. In der Stimme des Über-Ichs waren die Eltern allgegenwärtig, selbst als diese längst gestorben waren.

Das Gebot, die Eltern zu ehren, ist jedoch nicht an Kinder und Heranwachsende gerichtet, sondern an erwachsene Männer und Frauen. »Es ist keineswegs als Erziehungshilfe gedacht; denn es verfolgt ein ganz anderes Ziel.« (Limbeck, S. 82) Im alten Israel war es nicht selbstverständlich, für die alten Eltern zu sorgen. Auch in Israel gab es oft Situationen, in denen sich die alten Eltern alleine nicht mehr in ihrem Lebenskampf behaupten konnten. Deshalb wollte Gott für die alten Eltern sorgen. Er wollte, dass die alten Eltern weiterhin in Würde leben konnten.

Offensichtlich musste das auch in Israel immer wieder gesagt werden. Gott musste für die alten Eltern Partei ergreifen, vor allem dann, wenn sie für sich selbst nicht mehr eintreten konnten. Er wollte sie der Willkür der nachwachsenden Generation entreißen. Die Eltern ehren heißt im vierten Gebot vor allem: für die Eltern sorgen, dass sie menschenwürdig und in Freiheit leben können.

Das vierte Gebot begründet das Ehren der Eltern mit einer Segensverheißung: »Damit du lange lebst in dem Land, das der Herr, dein Gott, dir gibt!« Wenn die Kinder die Eltern nicht mehr ehren und nichts mehr von ihnen halten, schneiden sie sich von der Wurzel ab, die sie trägt. Ohne Wurzel können sie selbst aber nicht aufblühen. Ohne Achtung der elterlichen Erfahrungen und Weisheit werden die Söhne und Töchter nicht mehr getragen von ihren Vorfahren. Und so werden sie leicht zum Spielball jeder Modeströmung.

Die Eltern zu ehren heißt, an ihrer Weisheit und ihrer Erfahrung Anteil zu haben. Und es heißt, die Wurzel des eigenen Daseins zu achten. Das Ehren der Eltern hängt immer auch mit der Selbstachtung zusammen. Wenn ich sie ehre und auch noch nach ihrem Tod ein ehrendes Andenken an sie bewahre, dann kann ich weiterhin von ihnen her leben. Ich beziehe mich auf etwas, das mir vorgegeben ist, an dem ich Anteil habe. Das tut mir gut und gibt mir mitten in den Turbulenzen des Lebens Halt und Stabilität.

In Gesprächen höre ich oft, wie schwer sich Menschen mit dem vierten Gebot tun. Denn es gibt bei jedem Mann und jeder Frau einen Zeitpunkt in ihrem Leben, an dem sie sich von den Eltern distanzieren müssen. Sie müssen sich lösen, um ihren eigenen Weg zu gehen. Dieses Lösen hatte Jesus im Blick, als er von der Ehe das Wort aus dem Buch Deuteronomium zitierte: »Darum wird der Mann Vater und Mutter verlassen und sich an seine Frau binden, und die zwei werden ein Fleisch sein.« (Matthäus 19,5 und Genesis 2,24) Die Ehe wird nur gelingen, wenn sich der Mann von den Eltern löst. Wenn er innerlich noch an seine Mutter gebunden ist, hat die Frau an seiner Seite keine Chance. Der Mann wird bei jeder Schwierigkeit zu seiner Mutter flüchten und ist dergestalt unfähig, eine wirkliche Beziehung zu seiner Frau aufzubauen. Oder aber er heiratet in seiner Frau seine eigene Mutter und verhält sich ihr gegenüber wie ein braver Sohn. Dann hat die Frau keinen Partner geheiratet, sondern einen Sohn.

Und umgekehrt gilt auch: Wenn die Frau noch an ihren Vater gebunden ist, hat es der Mann an ihrer Seite schwer. Er kann es nie mit dem verherrlichten Vater aufnehmen und wird sich immer als minderwertig erleben oder aber um seine Anerkennung kämpfen müssen.

Jeder von uns ist seinen Eltern nicht nur dankbar für alles, was sie für ihn getan und was sie ihm vermittelt haben. Jeder kennt auch Verletzungen durch seine Eltern. Dabei geht es gar nicht darum, den Eltern die Schuld in die Schuhe zu schieben. Viele tun sich beim Aufarbeiten ihrer Verletzungen schwer, weil ihnen das vierte Gebot im Weg steht. Sie trauen sich nicht, die Kränkung wirklich anzuschauen und sich einzugestehen, dass sie immer noch schmerzt. Sie entschuldigen sofort ihre Eltern. Doch so kann die Wunde nicht heilen. Ehren heißt nicht, dass ich die Eltern sofort in Schutz nehme. Ich muss mir eingestehen, dass sie mir wehgetan haben. Und ich muss auch die Wut und die Enttäuschung zulassen, dass ich nicht die Eltern hatte, nach denen ich mich im Tiefsten gesehnt habe. Sie waren Menschen mit Fehlern und Schwächen.

Doch ich darf nicht bei den Verletzungen und bei den Vorwürfen an die Eltern stehen bleiben. Wenn ich die Verletzungen angeschaut habe, muss ich den Eltern auch vergeben. Nur so kann ich mich von der negativen Energie befreien, die auch von ihnen ausgegangen ist. Die Vergebung ermöglicht es mir dann, die positiven Wurzeln anzuschauen, die ich von den Eltern mitbekommen habe. Und dann entdecke ich auf einmal, was sie geprägt hat, wie sie versucht haben, trotz der eigenen Beschränkungen ihre Aufgabe als Vater und Mutter zu erfüllen, wie sie sich eingesetzt und wie sie ihr Leben gemeistert haben.

Ehren heißt nicht, dass ich alles rechtfertige und gutheiße, was die Eltern getan haben. Das wäre für jene, die als Kinder sehr verletzt worden sind, neurotisierend. Es geht vielmehr darum, dass ich die Eltern realistisch sehe und sie als die ehre, die sie sind. Ich achte sie als die, die mir das Leben geschenkt haben. Ich halte ihr Andenken in Ehren. Ich verbeuge mich vor dem, was sie versucht haben, mir weiterzugeben. Vielleicht konnten sie nicht alles geben, was ich von ihnen erwartet habe. Aber für das, was sie mir gegeben haben, soll ich ihnen danken und sie dafür ehren.

Ehren heißt vor allem: die Eltern achten. Wenn ich die Eltern verachte, verachte ich immer auch einen Teil von mir selbst. Ich kenne Menschen, die sehr despektierlich von ihren Eltern reden: »Sie sind eng, kleinkariert, ohne Bildung, engstirnig, politisch rechts, ohne größeren Horizont.« Wenn ich in diesem Urteil stecken bleibe, dann muss ich einen Teil von mir ablehnen. Denn ich bin ja immerhin in diesem Milieu groß geworden. Ich werde dann niemandem meine Eltern vorstellen, sondern sie gleichsam vor der Öffentlichkeit verstecken. Ich geniere mich für meine Eltern. Doch das tut mir nicht gut. »Wer seine Eltern nicht achten und ehren kann, der muss sich fragen lassen: Achtest und ehrst Du eigentlich Dein Leben?« (Radl in Keller, S. 87)

Vielleicht war das Bemühen meiner Eltern, ihr Geschäft oder ihren Bauernhof oder Handwerksbetrieb aufzubauen, um ihn mir zu überlassen, vergeblich. Vielleicht war ihr Wunsch, dass ich auf eine höhere Schule gehe, eine Überforderung für mich. Auch dann gilt es, die Eltern in ihrer vergeblichen Mühe zu achten. Sonst werde ich auch die Vergeblichkeit und das Scheitern in meinem Leben nicht annehmen und achten.

Ich soll meine Eltern nicht glorifizieren. Aber ich brauche Achtung vor ihnen. Sonst geht es mir selbst nicht gut. Achten heißt: wahrnehmen, was sie bewegt, worin sie gefangen sind, woraus sie leben. Ich soll zumindest zu verstehen suchen, warum sie so sind, wie sie sind, oder warum sie so gelebt haben und diese Einstellung hatten. Dabei soll ich alle Bewertungen sein lassen. Dann werde ich allmählich zu einer Achtung finden. Achten hängt mit »nachdenken, überlegen« zusammen. Indem ich über die Eltern nachdenke, entdecke ich ihren Wert. Und ich beginne, sie zu schätzen in ihrem Versuch, ihr Leben zu meistern.

Wenn ich mit Augen der Achtung auf ihr Leben schaue, werde ich vieles entdecken, das auch mir guttut. Und ich werde irgendwann den Hut vor ihnen ziehen und mir sagen: Ich habe Ehrfurcht vor dem, was sie geleistet und wie sie sich durch das Leben gekämpft haben. Ich werde die Werte entdecken, aus denen sie gelebt haben und die mir heute noch guttun würden.

Als ich verschiedene Beiträge über das vierte Gebot las, spürte ich, wie jede Zeit eigene Akzente setzt. Anfang der achtziger Jahre war kaum von der Ehrung der Eltern durch die Kinder die Rede. Da wurde eher den Eltern eingeschärft, ihre Kinder zu achten und zu ehren. Offensichtlich waren diese Beiträge von der kritischen Haltung der Achtundsechziger-Generation geprägt. Da schlug man eher auf die Eltern ein und warf ihnen vor, was sie alles verkehrt gemacht haben.

Heute hat sich das Blatt gewendet. Da haben Eltern den Eindruck, dass ihre Kinder ihnen auf der Nase herumtanzen. Sie wollten den Kindern bessere Eltern sein, als sie es erfahren hatten. Sie wollten ihre Kinder fördern und nicht bestrafen. Doch dabei vergaßen sie, den Kindern die notwendigen Grenzen zu setzen. Wenn das Kind keine Grenze erfährt, wird es grenzen- und maßlos. Dann verliert es auch den Respekt vor den Eltern. Eltern sehnen sich heute nach dem Respekt ihrer Kinder. Sie leiden darunter, dass ihre Kinder sie mit Ausdrücken belegen, die sie sich nie gegenüber ihren eigenen Eltern erlaubt hätten. Eltern werden den Respekt ihrer Kinder nur erfahren, wenn sie sich selbst respektieren. Wenn ich mich achte, lasse ich verachtendes Verhalten und Reden nicht durchgehen. Ich werde dem Kind seine Grenze zeigen.

An den Grenzen – so meint der Hamburger Pädagoge Jan-Uwe Rogge – entsteht Reibung. Und wo Reibung ist, ist auch Wärme. Die Kinder brauchen die Grenzen, um die Eltern und ihre Wärme zu spüren. Eltern haben oft Angst, den Kindern Grenzen aufzuzeigen, weil sie ihre eigene Erziehung als zu rigoros erlebt haben. Entscheidend ist, dass sie bei allem Grenzensetzen dem Kind immer Achtung vermitteln. Weil sie sich selbst und das Kind ernst nehmen, halten sie sich an Regeln und Grenzen. Kinder, die ohne Grenzen aufgewachsen sind, fühlen sich oft allein gelassen mit ihren Launen. Die Grenzen zeigen ihnen, dass die Eltern sich um sie kümmern. Aber es ist nicht leicht für die Eltern, Grenzen zu setzen, wenn alles um sie herum strukturlos ist.

Ich erlebe viele Eltern zwischen vierzig und sechzig Jahren, die sich um ihre alten Eltern kümmern. Sie lassen sich vom vierten Gebot leiten und möchten ihre Eltern nicht einfach in ein Heim abschieben. Sie möchten sie pflegen, solange es nur irgendwie geht. Sie gehen manchmal an ihre eigene Grenze und opfern sich für ihre Eltern auf. Ich habe großen Respekt vor diesen Menschen. Im Gespräch versuche ich, ihr Verhalten und ihre Sorge und Achtung der Eltern zu würdigen.

Aber zugleich ermutige ich sie, auch die eigene Grenze zu achten. Es ist immer eine Gratwanderung, wie viel wir uns in der Pflege der alten Eltern zumuten sollen. Wenn wir daran zerbrechen, dann schwindet in uns auch die Achtung vor den Eltern. Doch viele Söhne und Töchter wachsen in der Pflege ihrer alten Eltern über sich hinaus. Das vierte Gebot ist für sie eine Quelle der Motivation und zugleich der Kraft, um ihre Eltern nicht fallen zu lassen. Häufig werden sie dann belohnt durch ein intensives Abschiednehmen von den Eltern. Sie sind versöhnt mit ihnen und können so aus den Wurzeln leben, die sie durch ihre Eltern bekommen haben.

Vor allem auf den Frauen, auf den Töchtern und Schwiegertöchtern, lastet oft die ganze Verantwortung. Und in ihrer Sorge für die kranken Eltern und Schwiegereltern überfordern sie sich und werden selbst krank. Es ist nicht einfach, hier zu entscheiden, ob die Familie die Pflege noch leisten kann oder ob sie die kranken Eltern in ein Heim geben sollte. Viele trauen sich nicht, die Eltern in ein Heim zu geben, weil sie sonst gegen das vierte Gebot verstoßen.

Aber die Eltern ehren heißt immer auch, sich selbst zu achten. Auf keinen Fall sollen die Eltern abgeschoben werden. Es ist nur eine Frage der Klugheit und der eigenen Grenze, wie ich für die Eltern sorgen soll, ob die Pflege daheim gelingt, indem ich etwa den Dienst anderer Pfleger und Pflegerinnen zu Hilfe nehme, oder ob es in einem Heim besser ist. Aber auch dort kann ich die Eltern immer wieder besuchen. Ich werde die Sorge nicht einfach beiseiteschieben. Manchmal kann ich die Eltern leichter ehren, wenn ich nicht ständig mit ihrer Demenz konfrontiert bin.

Wenn ich meine eigene Grenze nicht achte, dann werde ich aggressiv. Mir erzählte eine Frau, dass sie mit ihrer Mutter nicht zurechtkomme. Sie habe so viele Erwartungen, was sie alles für sie tun sollte. Ich sagte ihr: »Warum sind Sie böse auf Ihre Mutter? Sie darf doch Erwartungen haben. Vermutlich werden Sie selbst auch viele Erwartungen an Ihre Kinder haben, wenn Sie älter sind. Es ist Ihre Entscheidung, wieweit Sie die Erwartungen Ihrer Mutter erfüllen können. Doch Ihre Entscheidung dürfen Sie nicht der Mutter anlasten. Die müssen Sie selbst treffen. Und Sie müssen Ihre Mutter auch für lernfähig halten.«

Wenn ich der Mutter meine Grenze zumute und zutraue, dann achte und ehre ich sie. Und ich kann mit ihr weiterhin eine gute Beziehung haben. Ehren heißt nicht, alle Erwartungen zu erfüllen, sondern den anderen und mich respektieren. In solch gegenseitigem Respekt wachsen beide: Eltern und Kinder. Sie lernen voneinander. Und sie muten einander etwas zu. Und letztlich werden sie erfahren, wie dankbar sie füreinander sein dürfen. Wenn die Tochter es sich eingesteht, ihre Grenze gegenüber der Mutter zu wahren, dann wird eine tiefere Beziehung zwischen ihnen wachsen. Und sie wird sie über den Tod hinaus ehren und achten.

Jesus zitiert das vierte Gebot und kritisiert die Pharisäer, die sich zwar an den Buchstaben des Gebotes halten, den Sinn aber völlig missachten. »Gott hat gesagt: ›Ehre Vater und Mutter!‹, und: ›Wer Vater oder Mutter verflucht, soll mit dem Tod bestraft werden.‹ Ihr aber lehrt: ›Wer zu Vater oder Mutter sagt: Was ich dir schulde, erkläre ich zur Opfergabe!‹, der braucht seinen Vater oder seine Mutter nicht mehr zu ehren.‹ Damit habt ihr Gottes Wort um eurer Überlieferung willen außer Kraft gesetzt.« (Matthäus 15,4–6)

Man kann nach außen hin die Gebote korrekt erfüllen. Doch damit verfehlt man die Absicht Gottes. Gott wollte, dass die alten Eltern noch eine gute Lebensgrundlage haben. Das, was die Söhne den Eltern schulden, ist die Sorge für ihren Unterhalt. Nun hatten die Pharisäer einen Trick erfunden. Ich brauche das Geld, das ich den Eltern schulde, nur als Opfergabe für Gott zu erklären, dann bin ich frei von der Verpflichtung, für die Eltern zu sorgen. Man benutzte Gott, um den Eltern ihr Recht und ihre Ehre zu nehmen. Doch damit verfälschten die Pharisäer Gottes Absicht.

An anderen Stellen scheint Jesus eher gegen das vierte Gebot zu verstoßen. Er fordert seine Jünger auf, die Eltern zu verlassen und ihm nachzufolgen. Einem, der ihm nachfolgen will, doch zuerst noch heimgehen und seinen Vater begraben möchte, antwortet er schroff: »Lass die Toten ihre Toten begraben; du aber geh und verkünde das Reich Gottes.« (Lukas 9,60) Und an anderer Stelle sagt er: »Wenn jemand zu mir kommt und nicht Vater und Mutter, Frau und Kinder, Brüder und Schwestern, ja sogar sein Leben gering achtet [in der griechischen Übersetzung heißt es: ›hasst‹, Anmerkung des Verfassers], dann kann er nicht mein Jünger sein.« (Lukas 14,26)

Wie lassen sich diese Worte mit dem vierten Gebot vereinbaren? Jesus will sicher nicht den Familienzwist provozieren. Doch er geht von der Freiheit des Einzelnen aus. Jeder hat nicht nur seine Eltern, denen er gehorchen soll. Er verfügt auch über eine innere Stimme, durch die Gott zu ihm spricht. Und vor allem dieser Stimme soll er gehorchen. Sie ist noch wichtiger als die Stimme der Eltern. Jesus befreit den Menschen zu sich selbst. Er befreit ihn von der absoluten Verpflichtung den Eltern gegenüber. Es gibt eine Berufung von Gott her, die ihn Wege gehen lässt, die seine Eltern nicht verstehen. Doch in dieser Freiheit von den Erwartungen der Eltern kann eine neue Achtung der Eltern wachsen.

Der inneren Stimme folgen heißt nicht, sich um die Eltern nicht mehr zu kümmern. Das hat Jesus selbst vorgelebt. Er ist schon mit zwölf Jahren von seinen Eltern weggegangen, weil er im Haus seines Vaters sein wollte. Und er hat den Eltern zugemutet, ihn drei Tage lang zu suchen. Später ist er einen Weg gegangen, den seine Mutter nicht verstand. Sie kam mit seinen

Brüdern, um ihn wieder nach Hause zu holen. Doch dann sorgt Jesus unter dem Kreuz für seine Mutter: »Als Jesus seine Mutter sah und bei ihr den Jünger, den er liebte, sagte er zu seiner Mutter: Frau, siehe, dein Sohn.« (Johannes 19,26)

Auch wenn diese Szene eher eine symbolische Bedeutung hat, so hat sie nach dem Verständnis des Johannesevangeliums auch eine historische und menschliche Dimension. Jesus hat seine Mutter verlassen. Aber vor seinem Tod denkt er an sie, dass sie nicht allein bleibt. In der Jüngergemeinde kann sie Heimat finden. Da wird sie geachtet als die Mutter Jesu. Das Lukasevangelium bestätigt, dass Jesu Mutter an Pfingsten mitten unter den Jüngern ist. Offensichtlich erfährt sie in der Gemeinde der Jünger Achtung und Ehre.

Jesus selbst bestätigt diese Achtung, als eine Frau ihm zuruft: »Selig die Frau, deren Leib dich getragen und deren Brust dich genährt hat. Er aber erwiderte: Selig sind vielmehr die, die das Wort Gottes hören und es befolgen.« (Lukas 11,27 f.) Jesus erkennt an, dass seine Mutter das Wort Gottes gehört und befolgt hat. Er achtet sie als die, die sich auf Gott eingelassen hat und auf den unverständlichen Weg ihres Sohnes, den Gott zu etwas Höherem berufen hat.

Die Autoren der holländischen Fernsehserie deuteten das vierte Gebot mit dem Wort »Ich respektiere meine Herkunft«. Die Eltern ehren bedeutet, dankbar zu sein für die, die uns geboren und erzogen haben, dankbar zu sein für unsere Herkunft. Wer seine Herkunft nicht respektiert, der bleibt wurzellos. Er lebt nur im Augenblick. Aber er weiß nicht, woher er kommt und wohin er geht. Respekt kommt von »respicere«, das »zurückschauen, Rücksicht nehmen« bedeutet. Ich kann nur nach vorne schauen, wenn ich erkenne, woher ich komme. Ich komme nur weiter, wenn ich Rücksicht nehme auf den Weg, den ich bisher gegangen bin.

Für meine Herkunft stehen meine Eltern. Ich nehme Rücksicht auf sie. Ich schaue sie immer wieder an, um zu erkennen, wer ich selbst bin. Ohne diesen Respekt, ohne das Zurückschauen auf die Eltern und ihre Werte verlieren wir den Blick für das Wesentliche. Die Bibel meint, ohne Respekt gelingt unser Leben nicht. Damit wir lange gut auf dieser Erde leben können, braucht es den Blick zurück. Wenn wir unsere Eltern betrachten, geht es nicht um Bewertung. In ihnen entdecken wir vielmehr die eigene Geschichte. Die Eltern selbst haben ihre Herkunft, von den Großeltern und Urgroßeltern.

Wir wissen heute, dass viele psychische Probleme von verdrängten Familiengeheimnissen herrühren. Es braucht den Blick zurück, damit wir nicht wiederholen, was an Unheil in unserer Herkunftsfamilie geschehen ist. Und es braucht die Achtung, um darauf achten zu können, was heute für uns gut ist. Ohne Respekt für die Eltern und Großeltern und ihre ganze Geschichte, die sie geprägt hat, werden wir unser Leben nicht so gestalten können, dass es zum Segen wird. Wer nicht voller Achtung zurückschaut, ist dazu verdammt, das zu wiederholen, was in der Vergangenheit nicht gelungen ist. Damit wir lange auf dieser Erde leben und es uns gut geht, braucht es den Respekt für unsere Herkunft.

Auch wenn ich mit vielem nicht einverstanden bin, was Bert Hellinger in seiner Psychologie verkündet: Eines ist sicher richtig, was er auch immer wieder fordert: das Ehren der Eltern. Auch wenn Kinder sich schwertun mit ihren Eltern, sollten sie sich vor den Eltern – auch wenn sie schon gestorben sind – verneigen und sagen: »Ich ehre dich als meinen Vater und als meine Mutter. Ihr habt mir gegeben, was ihr geben konntet. Ich habe manchmal mehr erwartet. Aber ich bin dankbar für das, was ihr mir gegeben habt. Ich werde euch immer ein ehrendes Andenken bewahren.« Für Hellinger ist das die Voraussetzung, dass unser Leben gelingt. Ohne das Ehren der Eltern schneiden wir uns ab von unseren eigenen Wurzeln. Und ohne Achtung der Eltern gelingt keine Selbstachtung.

V

Du sollst nicht töten!

+

Ich will leben

Das Gebot »Du sollst nicht töten« wird heute häufig zitiert, wenn es um die Todesstrafe geht, wenn es um die Frage des Krieges und der Abtreibung und wenn es um aktive oder passive Sterbehilfe geht. Das sind sicher legitime Versuche, das alttestamentliche Gebot zu aktualisieren. Aber diese Fragen werden im fünften Gebot nur indirekt berührt. Bevor wir uns fragen, was das Gebot heute für uns bedeutet, müssen wir erst die ursprüngliche Bedeutung erkennen. In Israel war das Töten im Krieg selbstverständlich. Und wenn jemand einen anderen umgebracht hatte, dann musste er sogar getötet werden, um dem Leben Recht zu verschaffen.

Das Verbot »Du sollst nicht töten« heißt ursprünglich »Du sollst nicht morden«. Es hatte den Sinn, das Leben des Menschen zu schützen, vor allem das Leben der Wehrlosen zu schützen. Martin Luther meint zu diesem Gebot: »Mit diesem Gebot will Gott einen jeglichen beschirmt, befreit und umfriedigt haben vor jedermanns Frevel und Gewalttat. Er will es als Ringmauer, Feste und schützende Burg um den Nächsten gestellt haben, dass man ihm kein Leid noch Schaden am Leibe tue.« (Luther zit. nach Hofmeister/Bauerochse, S. 99)

Das ist ein schönes Bild für die schützende und befreiende Wirkung dieses Gebotes. Gott möchte, dass wir Menschen frei sind von der Bedrohung durch Mord und Totschlag, dass wir in dieser Welt geschützt sind vor Frevlern, die uns nach dem Leben trachten. Das Gebot wendet sich gegen das Recht des Stärkeren. Es will gerade für den Schwachen eintreten und sein Lebensrecht schützen.

Im alten Israel wird ständig getötet: Wer einen anderen umbringt, der soll getötet werden. Im Krieg sollen nicht nur die feindlichen Männer, sondern oft auch die Frauen und Kinder getötet werden. Wie sollen wir also das Gebot verstehen? Schon Jesus hat das Gebot auf neue Weise gedeutet. Seine Worte geben die Richtung an, in der wir das fünfte Gebot für uns heute auslegen sollen:

In der Bergpredigt beginnt Jesus die erste Antithese zu den alttestamentlichen Geboten mit den Worten: »Ihr habt gehört, dass zu den Alten gesagt worden ist: Du sollst nicht töten; wer aber jemand tötet, soll dem Gericht verfallen sein. Ich aber sage euch: Jeder, der seinem Bruder auch nur zürnt, soll dem Gericht verfallen sein; und wer zu seinem Bruder sagt: ›Du Dummkopf‹, soll dem Spruch des Hohen Rates verfallen sein; wer aber zu ihm sagt: ›Du (gottloser) Narr!‹, soll dem Feuer der Hölle verfallen sein.« (Matthäus 5,21 f.)

Jesus hebt das fünfte Gebot nicht auf, sondern er bringt seine eigentliche Bedeutung ans Licht. »Das geschieht dadurch, dass über das Recht, das das Leben schützt, hinaus ein neues Ziel gesetzt wird. Es besteht darin, dass nicht nur das Leben des Menschen geschützt wird, sondern dass der Mensch in seiner Person sein Recht von Gott her bekommt.« (Grundmann, S. 155)

Jesus will mit diesen Worten keine neue Kasuistik aufstellen, wie die einzelnen Schimpfwörter oder Gefühle vom Gericht geahndet werden sollen. Vielmehr haben seine Worte den Sinn, das Recht der Person zu schützen. Der Zorn kann den Menschen aus der Gemeinschaft ausschließen. Er beraubt ihn der Grundlage, auf der er in der Gemeinschaft leben kann. Zorn erzeugt eine feindliche und lebensbedrohliche Atmosphäre. Zorn ist Ablehnung und Ausschließung des anderen.

Das Beschimpfen mit dem Wort »Dummkopf«, das bei den Rabbinern sehr häufig geschah, macht den anderen lächerlich. Und einen Menschen lächerlich machen ist eine subtile Form von Machtausübung. Gegen das Lächerlich-gemacht-Werden kann man sich kaum wehren. Sobald ich mich wehre, wird der andere sagen: »Es war doch nur ein Witz. Warum nimmst du das so ernst?« Er versteckt sich hinter seinen Witzen. In Wirklichkeit bekämpft er den anderen auf hinterlistige Weise. Er setzt ihn schachmatt. Wenn jener sich dagegen wehrt, verweist dieser darauf, dass das alles doch nur ein Scherz sei und der Gekränkte offensichtlich keinen Spaß verstehe. Wenn er sich nicht dagegen wehrt, hat er das Gefühl, Spielball der anderen zu werden. Auf seine Kosten werden sie sich amüsieren.

Das Beschimpfen mit dem Ausdruck »Du gottloser Narr« möchte den anderen aus der Gemeinschaft mit Gott ausschließen. Es spricht ihm seine Beziehung zu Gott ab. Mit so einem Schimpfwort stelle ich mich selbst als fromm und gottesfürchtig dar. Dem anderen dagegen spreche ich das Recht ab, überhaupt in den Gottesdienst zu gehen, weil er ja gottlos ist. Das heißt: Er bekennt Gott nicht und er wird von Gott nicht anerkannt. Doch dieses Urteil steht mir nicht zu. Wie ein Mensch in seinem Herzen zu Gott steht, das entzieht sich meinem Urteil. Und ich habe nicht das Recht, die Menschen von der Gemeinschaft mit Gott auszuschließen. Das ist allein Gottes Sache. Gott aber schützt jeden Menschen und wendet sich jedem Menschen zu.

Wenn wir das fünfte Gebot im Sinne Jesu für unsere Zeit auslegen, dann bezieht es sich in erster Linie auf den Schutz des Lebens und auf die Wahrung der Würde jedes Einzelnen. Die Person wird ernst genommen. Keiner hat ein Recht, sie zu verletzen, sie von der Gemeinschaft mit den Menschen und mit Gott auszuschließen. Keiner hat das Recht, die Person eines anderen mit physischer oder psychischer Gewalt zu schädigen. Das Gebot will also die Würde des Menschen schützen. In diesem Sinn dürfen wir dann das fünfte Gebot durchaus auf die (modernen) Themen wie Todesstrafe, Krieg, Abtreibung und Sterbehilfe beziehen. Gott will gerade das Leben der Schwachen schützen. Das heißt dann auch, dass wir kein Recht haben, einen anderen Menschen zu töten, außer wir würden in äußerster Notwehr handeln. Wir haben kein Recht, einen Krieg anzufangen, um uns zu bereichern oder um unsere wirtschaftlichen Interessen zu wahren. Und wir haben kein Recht, ungeborenes Leben, das sich selbst nicht schützen kann, zu töten.

Ein höchst aktuelles Feld, in das hinein das fünfte Gebot heute von Neuem verkündet werden muss, ist das Thema der aktiven Sterbehilfe. Manche meinen, wenn das Leiden unerträglich wird, würde es unserer Freiheit und Würde entsprechen, das Leiden zu beenden, indem wir unserem Leben ein Ende setzen. Doch Leiden kann man nicht lindern, indem man es abschaffen möchte. Die meisten Menschen, die den Wunsch nach der tödlichen Spritze des Arztes äußerten, wollten das Leben so, wie sie es vorfanden, nicht weiter leben. Sie konnten ihre Schmerzen nicht mehr ertragen, ihre körperlichen und ihre seelischen. Doch anstatt das Leiden abzuschaffen, sollen wir es lindern. Die Palliativmedizin hat heute Wege gefunden, durch Schmerztherapie dem Sterbenden einen menschenwürdigen Abschied zu ermöglichen. Zugleich hat man eingesehen, dass es nicht nur Sache des Arztes, sondern auch die Sache von Seelsorgern und Psychologen ist, von Angehörigen und Hospizhelfern, dem Sterbenden in seiner Einsamkeit und Not beizustehen. Oft ist der Wunsch nach der tödlichen Spritze Ausdruck von misslungenen Beziehungen. Von der Verwandtschaft ist niemand da, der beisteht. Ja, im Gegenteil, man drängt den Sterbenden dazu, möglichst schnell zu verschwinden, damit man sein Leiden nicht mehr anschauen muss. Und das Geld für die teure Behandlung könnte man sparen. Schließlich braucht es die nachfolgende Generation.

Wenn das Verbot, zu töten, den Sterbenden nicht mehr schützt, dann werden in Zukunft Tausende von ihren Verwandten in den Tod getrieben. Sie werden das Gefühl haben, nicht mehr erwünscht zu sein. Also sollte man sie entsorgen. In dieser Situation spüren wir, wie schützend und befreiend das Tötungs- verbot auch für unsere Zeit sein kann.

Beim Thema Sterbehilfe zeigt es sich, dass die Gebote eine innere Einheit haben. Das vierte und fünfte Gebot hängen eng miteinander zusammen. Wenn ich die alten Eltern ehre, dann ehre ich sie auch im Leiden und in der Krankheit. Ich kenne viele Menschen, die den schwer kranken Eltern mit größter Achtung begegnen und sie in ihrem Sterbeprozess begleiten. Ihnen hat das vierte und fünfte Gebot ungeahnte Kräfte geschenkt, sodass sie ihre Eltern geduldig pflegen. Und sie werden oft dafür be- schenkt. Da wird auf einmal in der Familie Versöhnung möglich. Man kann über Dinge sprechen, die vorher nicht angesprochen wurden.

Wenn die sterbenskranken Eltern jedoch spüren, dass man nur auf ihren Tod wartet und ihn am liebsten aktiv herbei- führen möchte, dann fühlen sie sich abgelehnt. Und in einem Klima feindlicher Aggressionen können sie gar nicht mehr rich- tig leben. Die Hospizbewegung hat das fünfte Gebot für unsere Zeit auf neue Weise ernst genommen. Die vielen Helfer und Helferinnen erleben immer wieder Wunder der Verwandlung am Sterbebett. Wenn die Sterbenden erfahren, dass jemand für sie da ist, der keine Angst vor ihrem Leid und ihrem Sterben hat, dann gelingt der letzte Akt des Lebens und damit das ganze Leben. Wenn man einem sozusagen das Sterben nimmt, indem man es ihm von außen aufzwingt, beraubt man ihn seiner tiefs- ten Würde und Freiheit.

Nicht töten heißt auch, sich selbst nicht zu töten. Das bezieht sich nicht nur auf den Suizid, sondern auch auf die vielen Wei- sen, durch die wir psychische Bereiche in uns abschneiden und somit einen Teil in uns vom Leben abhalten. Viele psychische Krankheiten entstehen, weil Menschen etwas in sich abgetötet haben. Auch unser eigenes Leben bedarf des Schutzes, gerade dann, wenn es uns nicht gut geht, wenn wir dieses Leben am liebsten wegwerfen würden. Gerade dann braucht es das göttliche Gebot, damit dieses Leben wieder zur Blüte kommt.

In der Vergangenheit haben manche Christen Askese falsch verstanden. Sie haben Askese nicht als Einübung in die innere Freiheit gesehen, sondern als Abtötung. Sie haben das abgetötet, was ihrem eigenen Idealbild widersprach. Damit aber haben sie sich verstümmelt und letztlich gegen das fünfte Gebot verstoßen.

Das Verbot, sich nicht selbst zu töten, wird den Menschen, der nicht mehr mit dem Leben zurechtkommt, der vor lauter Depressionen nicht mehr ein noch aus weiß, nicht davon abhalten, seinem Leben ein Ende zu setzen. Und wir haben dann kein Recht, über diesen Menschen und sein Tun zu urteilen. Wir wissen nicht, wie aussichtslos er sich gefühlt hat und wie unfrei er letzten Endes war. Dennoch müssen wir am Verbot des Suizids festhalten. Es steht uns nicht frei, unserem Leben selbst ein Ende zu setzen. Unser Leben ist in Gottes Hand, genauso wie das Leben unserer Mitmenschen. Aber auch hier brauchen wir die Barmherzigkeit Jesu, die keinen Menschen endgültig abschreibt.

Ich verbiete mir, bei einem Suizid ein Urteil zu fällen. Ich vertraue darauf, dass das sein Weg zu Gott war, auch wenn ich selbst diesen Weg nicht gutheißen kann. Und wenn mich einer fragt, ob er sich das Leben nehmen darf, dann kämpfe ich natürlich für das Leben und versuche, ihn zu überzeugen, dass sein Leben ein Geschenk ist und dass er selbst mit einem Leben, das anscheinend nur aus Dunkelheit besteht, doch eine Spur in diese Welt graben kann, die für andere eine Einladung zur Hoffnung wird.

Wenn wir das fünfte Gebot bedenken, sollten wir nicht bei der moraltheologischen Diskussion stehen bleiben, in welchen Fällen Tyrannenmord erlaubt, was ein gerechter Krieg und wie die Abtreibung ethisch zu beurteilen ist. Das ist sicher eine wichtige Diskussion, um die wir als Einzelne und vor allem als Volk nicht herumkommen. Hans Küng hat ja in seinem Versuch, ein Weltethos zu beschreiben, die Gebote so ausgelegt, dass sie für alle Völker Gültigkeit erhalten. Und dazu gehört immer auch eine Konkretisierung der Gebote:

Was heißt das fünfte Gebot heute für die Politik der Staaten, die im Besitz von Atomwaffen sind? Bedeutet das Gebot absolute Abrüstung? Wie können sich Staaten schützen gegen Menschen, die sich um keine Gebote scheren, gegenüber Terroristen oder kriminellen Banden? Das sind wichtige Fragen, um die die Ethiker aller Völker heute ringen und für die sie gemeinsame Antworten benötigen. Ohne gemeinsame Antworten auf diese Fragen kann die Weltgemeinschaft nicht existieren.

Doch mir ist die Auslegung des fünften Gebotes für mein konkretes Leben wichtiger. Es will mich dafür sensibel machen, wo ich Gewalt gegen andere ausübe, wo ich anderen keine Chance lasse, sich in ihrer Person zu entfalten. Es gibt heute in vielen Firmen »Mobbing«, das den Einzelnen kein Recht auf Leben lässt. Es gibt den Rufmord. Da brauchen wir nicht gleich an die Medien zu denken. Wie schnell kann ich den Ruf eines anderen schädigen, indem ich über ihn etwas in die Welt setze oder weitersage, was ich anderswo gehört habe, ohne nachzuprüfen, ob es der Wahrheit entspricht.

Das Gebot stellt mich vor die Frage, wo ich andere lächerlich mache, nicht ernst nehme, sie in den Augen anderer entwerte, sodass sie keine Chance haben, von diesen Menschen Achtung zu erfahren. Und das Gebot warnt mich, anderen ihre Beziehung zu Gott abzusprechen. Das geschieht ja gerade bei sehr Frommen häufig. Sie wissen genau, wer an Gott glaubt und wer nicht, wer ein authentischer Christ ist und wer nicht. Wir maßen uns an, die Beziehung des anderen zu Gott zu beurteilen. Und oft genug schließen wir ihn aus und verbauen ihm den Zugang zu Gott. Wir sehen in ihm nicht den, der nach Gott sucht, sondern den, der nicht so ist wie wir. Daher hat er auch von Gott keine Ahnung. Wir haben Gott für uns vereinnahmt und schließen andere, die unsere Gedanken und unsere Frömmigkeit nicht teilen, von der Gemeinschaft mit Gott aus.

Auf mich selbst bezogen bedeutet das Gebot: Ich will leben. Ich lasse mich nicht mundtot machen. Ich lasse mich nicht ausschließen aus der Gemeinschaft der Menschen und aus der Gemeinschaft mit Gott. Ich will leben, das heißt: Alles, was Gott mir an Gaben geschenkt hat, will leben. Allem will ich den Raum gewähren, den es braucht, um zu wachsen und zu blühen. Ich will nichts in mir abtöten. Auch das, was mir an mir nicht passt, weil es meinem Idealbild widerspricht, will ich zulassen. Ich will ins Gespräch mit meinen Schattenseiten kommen, um das Leben zu entdecken, das darin steckt. Ich will den Reichtum des Lebens, den Gott mir zutraut, entfalten. Weil ich leben möchte, lasse ich auch den anderen leben. Ich achte ihn in seiner Würde. Ich verzichte darauf, ihn zu bewerten. Und wenn er bedroht ist in seinem Leben, dann schütze ich sein Leben, dann trete ich für sein Lebensrecht ein.

Die größte Verschärfung des Grundsatzes »Ich will leben und lasse den anderen leben« vollzieht Jesus in seinem Gebot der Feindesliebe. Jesus bezieht sich dabei auf das Wort von der Vergeltung, »Auge für Auge und Zahn für Zahn«. Das war eigentlich eine Beschränkung der Vergeltung. Ich soll dem anderen nicht maßlos schaden. Ich darf ihm nur das antun, was er mir angetan hat. Doch Jesus setzt dieses Gesetz außer Geltung. Ich soll nicht vergelten, sondern den anderen, der mir geschadet hat, für mich gewinnen. Ich soll ihn, der mich entehren will, nicht genauso entehren. Vielmehr soll ich in ihm den sehen, der sein geringes Selbstwertgefühl auf mich projiziert und es daher bei mir bekämpft.

Ich soll mir nicht alles gefallen lassen. Aber ich soll verstehen, warum der andere so handelt. Und ich soll mir vom anderen nicht die gleiche Reaktion aufzwingen lassen. Vielmehr soll ich in Freiheit entscheiden, was ich tun will. Ich soll aus dem Bewusstsein meiner Würde auch dem anderen seine Würde lassen und ihn so behandeln, dass er seine Würde wiederfindet. Dieser Verzicht auf Vergeltung mit gleichen Mitteln gipfelt schließlich im Gebot Jesu von der Feindesliebe. Wir sollen unsere Feinde lieben und für sie beten. Auf diese Weise ahmen wir Gottes Verhalten nach. »Denn er lässt seine Sonne aufgehen über Bösen und Guten, und er lässt regnen über Gerechte und Ungerechte.« (Matthäus 5,45) Gott lässt die Sonne seiner Liebe über allen scheinen. Er gibt selbst dem, der sich verrannt hat, noch die Möglichkeit, sich für diese Liebe zu öffnen. Gott schließt niemanden aus. Er bietet jedem die Möglichkeit an, umzukehren und an die Liebe zu glauben. In der Bergpredigt zeigt uns Jesus Wege auf, wie wir so mit dem Feind, mit dem innerlich Zerrissenen, mit dem Unzufriedenen, Aggressiven umgehen sollen, dass er seine Feindschaft aufgibt, dass er in seiner Zerrissenheit geheilt und in seiner Aggression beruhigt wird. Es sind Wege, die dem anderen, der dabei ist, Leben zu verhindern, Leben ermöglichen und ihm einen Raum öffnen, in dem er mit dem Guten in sich in Berührung kommen kann.

VI

Du sollst nicht ehebrechen!

+

Ich bin treu

In meiner Jugend und wohl für viele ältere Katholiken war das sechste Gebot das wichtigste. Da haben die Beichtväter am meisten nachgefragt, wo wir gegen das sechste Gebot verstoßen haben. Doch was ich als Jugendlicher unter dem sechsten Gebot verstanden habe, hat nichts mit dem sechsten Gebot der Bibel zu tun. Uns wurde beigebracht, dass unkeusche Gedanken gegen das sechste Gebot verstoßen, dass Selbstbefriedigung Sünde sei, dass wir uns nicht unschamhaft berühren sollten und so weiter. Um diese Themen geht es aber nicht im biblischen Gebot.

In der Bibel bedeutet die Ehe brechen für den Mann etwas anderes als für die Frau. Die Frau galt als Besitz des Mannes. »Dieser Besitz sollte durch das sechste Gebot in besonderer Weise geschützt werden. Die Folge war: Der israelitische Mann konnte immer nur die Ehe eines anderen, nie seine eigene Ehe brechen. Ging der verheiratete Mann also zu einer ledigen Frau – zu einer Dirne oder zu einer Witwe etwa –, dann beging er keinen Ehebruch, keinen Verstoß gegen das sechste Gebot. Die israelitische Frau hingegen konnte immer nur ihre eigene Ehe brechen; denn wenn sie sich mit einem anderen Mann einließ, verleugnete (oder verschleuderte) sie ja den Besitz ihres Mannes.« (Limbeck, S. 28) Das Alte Testament sah den Ehebruch vor allem als Eigentumsdelikt. Und zugleich sah es darin etwas äußerst Törichtes. »Denn wer Ehebruch begeht, ruiniert sich wirtschaftlich und setzt zudem noch sein Leben aufs Spiel.« (Ebd., S. 30)

Das Buch der Sprüche warnt den Mann vor der fremden Frau, die ihm Anlass zum Ehebruch werden könnte: »Halte deinen Weg von ihr fern, komm ihrer Haustür nicht nahe! Sonst schenkst du andern deine Kraft, deine Jahre einem Rücksichtslosen; sonst sättigen sich Fremde an deinem Besitz, die Frucht deiner Arbeit kommt in das Haus eines andern, und am Ende wirst du stöhnen, wenn dein Leib und dein Fleisch dahinsiechen.« (Sprüche 5,8–11)

Diese Mahnung ist auch heute durchaus aktuell. Denn oft genug ruinieren sich die Eheleute durch Scheidung wirtschaftlich. Und oft genug werden Männer und Frauen hin- und hergerissen zwischen ihrer ursprünglichen Familie und ihren Kindern und den Kindern, die sie mit einem anderen Partner bekommen. Die am meisten Geschädigten sind dann stets die Kinder, die enttäuscht sind über den Vater oder die Mutter, die ihnen immer die Werte vermittelt haben, jetzt aber der eigenen Familie untreu werden und ihre eigenen Werte über Bord werfen. Woran sollen sich die Kinder noch halten? Und wo finden sie die Geborgenheit, die sie brauchen?

Die deutsche Übersetzung »die Ehe brechen« entspricht nicht ganz dem, was die hebräische Bibel damit meint. Beim Ehebruch denkt man an einen Vertrag, den man bricht. Das hebräische Wort jedoch hat »einen Mann vor Augen, der ein Verhältnis zu einer verheirateten Frau beginnt. Diesem Mann sagt das Gebot: ›Du sollst nicht in eine Ehe von außen einbrechen‹, ›Du sollst aus einer Ehe nicht ein tragendes Element, etwa die Frau und ihre ausschließliche intime Zuwendung zu ihrem Mann, herausbrechen‹, ›Du sollst durch ein solches Handeln keine Ehe zerbrechen‹« (Lohfink in Keller, S. 196 f.).

Dabei hat das Alte Testament nicht nur die Beziehung von Mann und Frau im Blick, sondern die ganze Familie, zu der nicht nur die Kinder, sondern auch die Großeltern gehören, die alle im selben Hause wohnen. Die Familie war für Israel nicht nur die Keimzelle des Volkes. Sie war auch der Ort, an dem der Glaube weitergegeben wurde. Am Vorabend des Sabbats legte

der Vater auf die Frage des Kindes hin ein Glaubensbekennt-
nis ab. In der Familie wurde den Kindern immer wieder vor
Augen geführt, dass sie Teil des Volkes sind, das Gott aus dem
Sklavenhaus Ägypten herausgeführt und dem er weise Gebote
gegeben hat, weiser als alle Gebote, die in seiner Umgebung beachtet werden.

Die Familie war also der Ort, an dem die Kinder ihre religiöse
Identität lernten. Durch den Ehebruch wird die Familie zerstört. Damit geht für die Kinder ein wichtiger Ort religiöser und
menschlicher Heimat verloren. Der Schutz der Ehe war daher
für Israel überlebensnotwendig, damit die nachfolgende Generation in den Glauben der Väter hineinwachsen konnte. Nur so
konnte das Volk in einer feindlichen Umwelt seine Identität erhalten.

In der Kirche hatte Ehebruch immer etwas mit Unkeuschheit
zu tun. Diese Sicht ist dem Alten Testament fremd. Für Israel
stand nicht die Sexualität im Zentrum der Ehe, sondern die Partnerschaft. Und Partnerschaft war für Mann und Frau im Alten
Testament als Hilfe für ein gelingendes Leben gedacht. Ehebruch ist daher »für die Bibel kein sexuelles Vergehen, sondern
Gemeinschaftsverrat« (Limbeck, S. 34). Aber das heißt nicht,
dass die Sexualität in der Ehe keine Rolle spielte. Sie war einmal
wichtig, um Nachkommenschaft zu sichern. Und in ihr sollte
der Mann das Verhältnis Jahwes zu seinem Volk abbilden. So
wie Gott sich dem Volk liebevoll zuneigt, so soll es der Mann
seiner Frau gegenüber tun. Die Sexualität »soll so gelebt werden,
dass sie mit Gottes Zärtlichkeit und Liebe zu Israel verglichen
werden kann« (ebd., S. 38).

Dergestalt hat das sechste Gebot durchaus etwas mit der
Sexualität zu tun. Aber dabei darf es nicht um kleinliche und
ängstliche Überlegungen gehen, durch welche sexuelle Fantasie
ich gegen das sechste Gebot verstoßen habe. Vielmehr will das

sechste Gebot die Sexualität schützen. In unserer Zeit sind wir in Gefahr, die Sexualität als Ware zu verkaufen und dadurch zu entwerten. Die öffentliche Schamlosigkeit zerstört den Wert der Sexualität. In Israel war die Beziehung zur Sexualität nicht nur eine Frage der Moral, sondern auch der Spiritualität. In der Sexualität erfuhren Mann und Frau etwas von der Zärtlichkeit und Treue Gottes zu uns Menschen.

Man kann das sechste Gebot den Menschen nicht durch Moralisieren schmackhaft machen, sondern nur, wenn man den Wert der Partnerschaft und den Wert der Sexualität so beschreibt, dass die Herzen der Menschen berührt werden. Und bevor man ständig davor warnt, die Ehe eines anderen zu brechen, wäre es erst einmal nötig, die Bedingungen einer guten Ehe zu beschreiben. Wenn ich mit der eigenen Ehe zufrieden bin, bin ich nicht in Gefahr, ständig nach anderen Frauen Ausschau zu halten.

Ein anderer häufiger Grund von Ehebruch ist, dass wir zu hohe Erwartungen an den Partner haben. Und wenn er sie nicht erfüllt, dann sind wir fasziniert von der Frau oder dem Mann, in die oder den wir uns spontan verlieben. Doch Verlieben ist noch keine Liebe. Da wird in mir vielmehr etwas angesprochen, was ich in mir selbst vernachlässigt habe. Wenn ich mich in eine andere Frau verliebe, ist das noch kein Grund, die eigene Ehe, die schal geworden ist, zu verlassen. Ich sollte mich vielmehr fragen, was ich bei mir übersehen habe und was in mir neu zum Leben kommen möchte. Die andere Frau hat das in mir angesprochen, was eingeschlafen war. Wenn ich es wieder zum Leben erwecke, kann auch die eigene Ehe wieder lebendiger werden.

Das Verlieben stellt mich vor die Frage, wie ich meine Ehe verstehe. Muss sie mich wirklich immer glücklich machen? Muss ich immer die Liebe so intensiv spüren wie am Anfang? Fulbert Steffensky bricht auch für vermeintlich unvollkommene Ehen eine Lanze. Es sei schon viel, wenn wir eine Zeit lang fair nebeneinander leben würden, in der Hoffnung, dass es auch wieder ein neues Miteinander geben wird: »Unterwirf dich nicht Ganzheitszwängen! Es gibt ein Leiden, das an der überhöhten Erwartung besteht, dass in der Ehe jeder jederzeit völlig erfüllt sein müsse. Eine halb gelingende Liebe ist eine gute Liebe. Gegen jeden Totalitätsterror gesagt: Es gibt gelungene Halbheiten.« (Steffensky, S. 52)

Das sechste Gebot will die Ehe schützen vor den Gefahren, denen sie sich immer wieder ausgesetzt sieht. Heute sind es andere Gefahren als zur Zeit Israels. Aber immer hat die Gefahr mit der Faszination des Neuen zu tun. Der neue Partner, die neue Partnerin sprechen etwas in mir an, was ich bisher nicht gekannt habe. Doch die Faszination durch das Neue heißt nicht, dass ich das Alte über Bord werfe, dass ich gewachsene Beziehungen zerbreche und den Kindern unklare Situationen zumute.

Natürlich gibt es Trennungen, die nicht gegen das sechste Gebot verstoßen. Wenn eine Ehe wirklich nicht mehr »lebt«, wenn die Partner einander das Leben zur sprichwörtlichen Hölle machen, dann ist es besser, sich zu trennen, als sich gegenseitig in die Krankheit und letztlich in den Tod zu treiben. Und wir dürfen auch nicht urteilen über Ehen, die auseinandergehen. Wir stecken oft nicht drin. Und wir wissen oft nicht, wie viel unreife Projektionen zu dieser oder jener Ehe geführt haben oder welche Kränkungen ein weiteres Miteinander unmöglich machen.

Wir sollen beim sechsten Gebot nicht so sehr auf andere schauen und die immer größer werdende Zahl der Scheidungen bedauern. Es ist ein Gebot an mich. Und da heißt es – positiv gewendet – für mich: Ich bin treu. Ich stehe zu dem Partner, mit dem ich mein Leben teile. Ich betrachte ihn nicht als Besitz, wie damals im alten Israel. Aber ich habe mich an ihn gebunden. Ich nehme mich und ihn ernst. Daher stehe ich zu mir und zu ihm oder ihr. Treue hat mit Stehen, Festigkeit und Stehvermögen zu tun. Die Treue schafft einen Raum, in dem ich und der andere wachsen können. Jeder hat auch das Recht, sich zu wandeln. Die Treue eröffnet den Raum der Verwandlung.

Oft trennen sich Eheleute voneinander mit dem Vorwurf: »Du bist nicht mehr der/die, den/die ich geheiratet habe.« Die Treue gibt dem Partner die Chance, dass er sich wieder findet, wenn er sich verloren hat, dass er sich weiterentwickelt, wenn er seinen Stillstand bemerkt, dass er eine neue Zuneigung spürt, wenn seine Liebe erkaltet ist. Treue hat mit Wartenkönnen zu tun. Eine Ehe gelingt nur, wenn wir immer wieder aufeinander warten, anstatt uns ungeduldig vorzuwerfen: »Du müsstest schon weiter sein.«

Ich kenne viele Ehepaare, die ehrlich um das Fortbestehen ihrer Ehe ringen. Sie gehen durch Krisen hindurch. Aber sie möchten nicht leichtfertig den Partner verlassen und die Familie auflösen, die sie aufgebaut haben. Für diese Menschen ist das sechste Gebot eine Herausforderung und zugleich eine Ermutigung. Um ihre Ehe zu retten, brauchen sie eine Atmosphäre der Wertschätzung von ehelicher Treue. Denn ihre Treue wird heute in der Öffentlichkeit ständig infrage gestellt. Da fällt es vielen nicht leicht, zu ihrer Treue zu stehen. Manche haben Angst, als altmodisch hingestellt zu werden, wenn sie solche Werte wie Treue und Ehebund hochhalten. Aber sie spüren zugleich, dass ihr Leben ohne diese Werte wertlos wird.

Ehepaare, die in eine Krise geraten sind, brauchen Menschen, die sie begleiten, Freunde, die zu ihnen stehen und die sie in ihrem Ringen um ihre Ehe bestärken, Eheberater, die ihnen helfen, über ihre Konflikte besser zu sprechen und mit den Erwartungen des Ehepartners angemessener umzugehen. Bei all diesen Hilfen steht jedoch das Gebot wie ein Pfeiler, an dem sie sich festhalten können.

Neueste Umfragen ergaben, dass für die jungen Menschen die Liebe der höchste Wert ist. Ehe und Familie stellen für sie hohe Ideale dar. Je unsicherer die Zeiten sind, desto stärker sehnt man sich nach einer Heimat, in der man sich geborgen fühlt, nach Sicherheit und Halt in einer guten Ehe und Familie. Aber zugleich erfahren viele Ehepaare, dass sie es oft nicht schaffen, ihr Ehe-Ideal mit Leben zu füllen. Die jungen Menschen brauchen Ermutigung in ihrem Streben, ihre Werte in ihr Leben zu integrieren. Sie suchen nach Verbündeten, die sie in ihrem Ringen bestärken. Und sie reagieren eher enttäuscht, wenn Seelsorger oder Eheberater allzu lax mit den Werten umgehen, die ihnen heilig sind. Daher ist es wichtig, dass wir eine neue Sprache finden, die nicht moralisierend und anklagend gegen den Ehebruch schimpft, sondern die es jungen Menschen ermöglicht, Treue und Liebe zu leben.

Statt ihnen ihre Sehnsucht nach einer guten Ehe zu nehmen, sollten wir ihnen Wege zeigen, wie sie ihre Sehnsucht erfüllen können. Dabei ist wichtig, dass die letzte Sehnsucht nach Halt und Geborgenheit kein Ehepartner erfüllen kann, sondern letztlich nur Gott. Daher ist der Glaube wichtig, damit die Ehe gelingt. Wenn ich glaube, dass Gott meine tiefste Sehnsucht erfüllt, dann kann ich dankbar genießen, was mein Partner mir an Liebe und Geborgenheit schenkt. Ich werde ihn nicht mit zu hohen Erwartungen überfordern. Wenn er nicht alles für mich sein muss, kann ich dankbar annehmen, dass er mir vieles schenkt, dass er mir das gibt, was er zu geben vermag.

Jesus hat in der Bergpredigt auch das sechste Gebot verschärft: »Ihr habt gehört, dass gesagt worden ist: ›Du sollst nicht die Ehe brechen.‹ Ich aber sage euch: Wer eine Frau auch nur lüstern ansieht, hat in seinem Herzen schon Ehebruch mit ihr begangen.« (Matthäus 5,27) Im Beichtstuhl höre ich oft, wie dieses Wort Jesu Männern Angst einjagt. Wenn sie Gefallen an einer

Frau finden und sie länger betrachten, haben sie schon Angst, gegen das sechste Gebot zu verstoßen. Doch Jesus will hier keine kleinlichen Verbote aufstellen. Er will die Frau nur schützen vor lüsternen Blicken. Denn auch Blicke können bekanntlich verletzen, die Frau gleichsam ausziehen, sie bloßstellen.

Solche Blicke schaden aber nicht nur der Frau, sondern auch dem Mann, der sich darin verliert. Dieser flüchtet sich vor der Realität seiner Ehe in selbst geschaffene Scheinwelten. Dem Mann tut es letztlich nicht gut, eine Frau anzustarren. Denn er macht sich damit selbst klein. Er bekundet mit seinen Blicken seine Abhängigkeit. Das widerspricht seiner Würde. Er stellt sich mit seinen lüsternen Blicken selbst bloß.

Es geht Jesus beim Verbot des Ehebruches letztlich um ein Gebot, das die Würde der Frau und die Würde des Mannes bewahrt. Die Frau soll nicht schamlosen und begehrlichen Blicken ausgesetzt werden, die sie kränken oder zum Lustobjekt degradieren. Jesus lässt die alttestamentliche Sicht, dass die Frau Besitz des Mannes ist, weit hinter sich. Die Frau ist kein Besitz, sie hat vielmehr eine unantastbare Würde. Und diese darf der Mann nicht mit seinen begehrlichen Blicken verletzen. Begehrlich heißt ja nichts anderes als: Ich will sie für mich haben. Ich will sie besitzen. Kein Mensch hat jedoch das Recht, einen anderen zu besitzen. Wir wollen ihn vielmehr in seiner Einmaligkeit und Einzigartigkeit belassen. Der Mann soll sich nicht selbst kleinmachen, indem er die Frau lüstern ansieht. Er soll seine eigene Würde achten, indem er auch die Frau in ihrer Würde belässt. Jesus möchte auch den Mann mit diesem Gebot schützen, damit er sich seine Freiheit bewahrt.

Jesus fügt in der Bergpredigt seinen Worten über den Ehebruch noch eine Aussage über die Ehescheidung hinzu: »Ferner ist gesagt worden: ›Wer seine Frau aus der Ehe entlässt, muss ihr eine Scheidungsurkunde geben.‹ Ich aber sage euch: Wer seine Frau entlässt, obwohl kein Fall von Unzucht vorliegt, liefert sie dem Ehebruch aus; und wer eine Frau heiratet, die aus der Ehe entlassen worden ist, begeht Ehebruch.« (Matthäus 5,31 f.)

Die christlichen Kirchen haben darum gerungen, diesen Worten Jesu gerecht zu werden. Alle christlichen Kirchen halten an der Unauflöslichkeit der Ehe fest. Doch in den protestantischen Kirchen ist man schnell bereit, auch Geschiedenen eine neue Ehe zu ermöglichen und sie mit kirchlichem Segen zu beschenken. Die katholische Kirche hat aus diesen Worten Jesu vor allem das Verbot der Scheidung herausgehört. Und sie hat daraus gefolgert, dass eine neue sakramentale Ehe nicht möglich ist und dass Wiederverheiratete nicht zur Kommunion zugelassen werden.

Die orthodoxe Kirche hat einen anderen Weg beschritten. Für sie ist es auch klar, dass Ehebruch verboten ist und Scheidung letztlich dem Willen Jesu widerspricht. Aber sie betont das Geheimnis der Vergebung. Daher hat sie die Möglichkeit einer neuen kirchlichen Heirat geschaffen. Allerdings gibt es keinen kirchlichen Segen ohne einen Bußakt, in dem die vergangene Ehe und ihr Zerbrechen vor Gott getragen und um Vergebung gebeten wird.

Welche Praxis entspricht dem sechsten Gebot und der Auslegung Jesu? Das ist sicher nicht leicht zu entscheiden. Im sechsten Gebot des Alten Testamentes hat die katholische Praxis sicher keine Grundlage. Denn in Israel gab es ja Scheidung. Sie wurde genau geregelt. Die Regelung fiel zugunsten des Mannes und zuungunsten der Frau aus. Jesus verschärft das Gebot, indem er die Unauflöslichkeit der Ehe verkündet. Eine Frau zu entlassen – was für den jüdischen Mann durchaus möglich war –, ist für Jesus undenkbar. Jesus schützt die Würde der Frau. Die Frau hat die gleichen Rechte wie der Mann. Das ist die eine Bedeutung von Jesu Worten. Zum anderen gilt: Ehebruch und Ehescheidung hängen zusammen.

Wer die Ehe scheidet, bricht sie. Der einzige Grund, den Jesus für die Scheidung zulässt, ist die Unzucht. Was man darunter zu verstehen hat, ist nicht ganz klar. Die Exegeten streiten sich darüber. Wie immer wir dieses Wort im Sinne Jesu auch verstehen mögen, wichtig ist, dass es für Jesus offensichtlich Ausnahmen der Scheidung gibt. Heute werden diese Ausnahmen sicher anders beschrieben. Aber insofern entspricht das absolute Verbot, Wiederverheirateten die Kommunion zu verweigern, nicht den Worten Jesu.

Eines aber will uns Jesus mit seiner Verschärfung des Verbots von Ehebruch und Ehescheidung sagen: Es geht um die Treue der Menschen zueinander. Wenn zwei sich binden, werden sie ein Fleisch. »Sie sind also nicht mehr zwei, sondern eins. Was aber Gott verbunden hat, das darf der Mensch nicht trennen.« (Matthäus 19,6) Jesus will die Treue zwischen Mann und Frau schützen. Das ist ein hoher Wert. Wenn der Mann zu seiner Frau steht und umgekehrt, dann kann die Liebe wachsen. Die Treue schafft einen Raum von Geborgenheit und Sicherheit, in der die Hingabe möglich wird. Wenn ich immer Angst um den Partner haben muss, ob ich ihm auch wirklich entspreche, stehe ich stets unter Leistungsdruck. Dies führt zur Verkrampfung und verhindert die Hingabe.

Empirische Untersuchungen haben festgestellt, dass der von den Medien häufig propagierte Seitensprung für viele Ehen eine Überforderung ist und im Partner ein tiefes Trauma hinterlässt. Wenn der Wert der Treue verletzt wird, dann kommt »es nicht selten zu Depressionen, Angststörungen, heftigen Wutanfällen oder Eifersuchtsszenen. Die gesamte Beziehung und auch die Geschichte der Partnerschaft wird in Frage gestellt: Die Suche nach verräterischem Verhalten beginnt, das Vertrauen in den anderen Menschen ist grundsätzlich erschüttert« (Hofmeister/Bauerochse, S. 106). Diese Untersuchungen bestätigen also, dass Jesus das Verbot des Ehebruches verschärft hat, um den Men-

schen zu schützen und den Liebenden einen Raum zu ermöglichen, in dem ihre Liebe wachsen kann.

Das sechste Gebot will uns also den Wert der Treue vor Augen
führen. Ich bin treu. Ich stehe zu mir und zu meinem Ehepartner. Und auf diesem Grund kann Liebe gedeihen. Und jeder
kann tiefe Wurzeln in dieser Liebe schlagen, die fruchtbar werden für den Partner und für die Kinder. Wenn der Partner um
meine Treue weiß, kann auch seine Treue wachsen. Und wir
geben einander einen Halt, der uns auch durch schwierige Konflikte führt. Ich habe viele Ehepaare erlebt, die dankbar sind, dass
sie in einer schweren Krise nicht auseinandergegangen, sondern
in Treue zueinandergestanden sind. Das hat sie auf neue Weise
zusammen- und in eine Tiefe geführt, die vorher nicht möglich
war. Wenn Menschen ehrlich von sich sagen können »Ich bin
treu«, eröffnen sie für den Partner einen Raum des Vertrauens
und der Liebe, in dem beide sich geborgen und zu Hause fühlen
können.

VII

Du sollst nicht stehlen!

+

Ich habe genug

Das siebte Gebot scheint mit dem zehnten Gebot identisch zu sein. Doch die Bibelwissenschaftler sagen uns, dass im siebten Gebot ursprünglich der Menschendiebstahl gemeint war. »Dieses Gebot schützte den Israeliten vor dem Zugriff jener, die mit ihm ›ein Geschäft‹ machen wollten. Oder anders ausgedrückt: Das siebte Gebot wendet sich zunächst an jene, ja gegen jene, die die Macht haben, auf Kosten anderer Gewinne zu machen und reich zu werden.« (Limbeck, S. 49)

Es war in Israel möglich, dass sich einer, der arm geworden war und sich in Schulden stürzte, dem Gläubiger als Sklave verkaufte. Doch Gott möchte gerade jene schützen, die aus wirtschaftlichen Nöten heraus als Sklaven einem anderen dienen müssen. Für sie gilt: »Wenn dein Bruder, ein Hebräer – oder auch eine Hebräerin –, sich dir verkauft, soll er dir sechs Jahre als Sklave dienen. Im siebten Jahr sollst du ihn als freien Mann entlassen. Und wenn du ihn als freien Mann entlässt, sollst du ihn nicht mit leeren Händen entlassen. Du sollst ihm von deinen Schafen und Ziegen, von deiner Tenne und von deiner Kelter so viel mitgeben, wie er tragen kann. Wie der Herr, dein Gott, dich gesegnet hat, so sollst du ihn bedenken. Denk daran: Als du in Ägypten Sklave warst, hat der Herr, dein Gott, dich freigekauft. Darum verpflichte ich dich heute auf dieses Gebot.« (Deuteronomium 15,12–15)

Gott will nicht, dass die Reichen die Armen als Sklaven ausbeuten. Die Freiheit des Menschen ist Jahwe ein wichtiges Anliegen. Schließlich hat er selbst das Volk Israel, das ein Volk von Sklaven in Ägypten war, aus der Gefangenschaft herausgeführt, damit jeder frei leben könne.

Wenn wir das siebte Gebot auf unsere Zeit aktualisieren, so meint es nicht in erster Linie die kleinen Diebstähle, die wir in der Beichte oft bekannt haben, dass wir genascht haben, dass wir die Äpfel aus des Nachbars Garten gestohlen haben. Nicht die kleinen Eigentumsdelikte stehen hier im Blickpunkt. Diese werden im zehnten Gebot behandelt. Hier geht es um Menschendiebstahl, um ein Ausnützen des Menschen. Wenn ein Arbeitgeber seine Angestellten über Gebühr arbeiten lässt, wenn er ihnen ständig vermittelt, dass er sie entlassen wird, wenn sie nicht Überstunden machen und noch mehr arbeiten, dann greift hier das siebte Gebot. Es will die Würde des Menschen schützen, gerade derer, die anderen ausgeliefert sind. Das siebte Gebot wendet sich an jene, die über andere Macht haben und damit Gefahr laufen, diese zu missbrauchen. Der Mensch hat eine unantastbare Würde. Wir dürfen diese Würde nicht mit Füßen treten, indem wir beispielsweise aus einem Angestellten immer mehr »herauspressen«.

Menschendiebstahl kommt heute überall dort vor, wo mit Menschen gehandelt wird. Und dieser moderne Sklavenhandel ist heute weit verbreitet. Da werden aus den östlichen Ländern Frauen verschleppt und als Prostituierte verkauft. Da gibt es einen regelrechten Sextourismus. Das ist übelste Ausbeutung armer und rechtloser Frauen. Das Schlimme ist, dass viele Männer, die sich von den Werbeplakaten der Reisefirmen ansprechen lassen, gar kein Unrechtsgefühl haben. An sie richtet sich das siebte Gebot. Und es braucht offensichtlich die drastische Sprache dieses Gebotes, damit manchen die Augen aufgehen über das, was sie tun.

Menschendiebstahl geschieht dort, wo Arbeitssklaven verkauft werden. Sie haben keine legalen Papiere und sind daher ihren Herren völlig hilflos ausgeliefert. Es gibt heute genügend kriminelle Banden, die sich auf Menschenraub spezialisiert haben. Da sind die Schleuserbanden, die Ausländer gegen ein horrendes Geld über die Grenze des vermeintlich Gelobten Landes bringen. Da gibt es Stellen, die Au-pair-Mädchen ausbeuten, nicht nur finanziell, häufig auch sexuell. An all diese Menschen richtet sich das siebte Gebot. Doch wird das siebte Gebot sie kaum beeindrucken. Ihre kriminelle Energie ist größer als das Gespür für das, was Gott ihnen vorschreibt. Das siebte Gebot ist dennoch wie ein Stachel, der uns ein Gespür für die Würde des Menschen gibt. Und es ist Aufgabe des Staates, sich vom siebten Gebot inspirieren zu lassen, wie er mit seiner Staatsgewalt durch äußere Maßnahmen und Regeln die Würde des Menschen gegen Ausbeutung schützen kann.

Auch wenn das siebte Gebot ursprünglich den Menschendiebstahl im Auge hatte, so gilt es natürlich auch für sonstigen Diebstahl. Diebstahl heißt: das Eigentum eines anderen entwenden. Solange die Israeliten noch als Nomaden lebten, war es überlebensnotwendig, sich nicht am Eigentum des anderen zu vergreifen. Noch heute lassen Beduinen ihre Winterzelte ungesichert stehen. Sie wissen, dass niemand auf die Idee kommt, von ihnen etwas zu stehlen. »Jeder Beduine weiß, dass man in der Wüste nur leben kann, wenn das Eigentum eines jeden als heilig, als unantastbar gilt.« (Ebd., S. 55) Das Entscheidende am Verbot des Diebstahls ist also das Vertrauen zwischen den Menschen. Wenn das Vertrauen verloren geht, wenn ich ständig damit rechnen muss, dass sich andere an meinem Eigentum vergreifen, dann braucht es Sicherungssysteme, Sicherheitsfirmen, Stacheldrahtzäune und Wachhunde, um meinen Besitz zu schützen. Heute werden enorm viel Geld und Energie in Sicherheitsanlagen und Alarmanlagen investiert. Das zeigt, dass der Verlust des Vertrauens die Gesellschaft teuer zu stehen kommt. Wenn in einer Firma die Arbeiter ständig Werkzeug mitgehen lassen, dann untergräbt dies das Vertrauen der Menschen untereinander. Jeder wird verdächtigt. Und es entsteht ein Klima des

Misstrauens, das eine gesunde Beziehung untereinander unmöglich macht.

Viele meinen, Diebstahl sei ein Kavaliersdelikt. Doch in diesem Klima können keine guten Beziehungen gedeihen. Eine Lehrerin hat beobachtet, wie sehr Kinder darunter leiden, wenn ihre Sachen in der Schule gestohlen werden. Sie werden dann vermeiden, Dinge lieb zu gewinnen. Das führt aber dazu, dass sie auch das Eigentum der anderen nicht achten. Sie werden beziehungslos. Sie verlieren die Beziehung zu den eigenen und fremden Dingen und letztlich zu sich und zu den anderen.

Das deutsche Wort »Dieb« kommt von »sich niederkauern, sich verbergen«. Dieb ist immer der, der heimlich etwas entwendet, der sich versteckt und den richtigen Augenblick abwartet, bis niemand ihn sieht. Auch das Wort »stehlen« meint den, der heimlich, der »verstohlen« etwas wegnimmt. Wir kennen Menschen, die sich wegstehlen, die sich heimlich wegschleichen. Solche Heimlichkeit zerstört das Gefühl von Heimat. Wo Menschen heimlich einen anderen bestehlen, kann man sich nicht mehr daheim fühlen. Man fühlt sich ständig bedroht. Es wird einem unheimlich. Stehlen bezieht sich immer auf das heimliche Wegnehmen, während Rauben das offene und gewaltsame Entreißen ist. Ich reiße etwas ab und reiße es an mich. Der Raub kommt ursprünglich aus der Kriegssprache. Ich breche dem anderen die Rüstung ab. Und ich erbeute all seinen Besitz. Während Israel im Krieg die Feinde sogar berauben musste und kein Eigentum zurücklassen durfte, gibt es die Räuber, die dies auch in Friedenszeiten tun. Beides ist vom siebten Gebot her untersagt.

Diebstahl zerstört das Vertrauen. Meine Schwester fuhr im Zug nach Italien und legte ihren Geldbeutel bewusst unter das Kopfkissen, deckte es noch mit einem Handtuch ab. Trotzdem wurde ihr der Geldbeutel gestohlen. Offensichtlich waren es Diebe, die sie mit einem Spray betäubten, sodass sie nichts merken konnte. Solche Diebstähle von offensichtlich kriminellen

Banden zerstören das Vertrauen in ein Land. Und sie wecken in uns eine ohnmächtige Wut. Manchmal richtet sich die Wut gegen alle, auch gegen die Unschuldigen.

Gott will nicht, dass Misstrauen unter den Menschen wächst. Er will die Menschen vor heimlichen Dieben schützen, damit sie einander vertrauen können. Doch die Erfahrung zeigt, dass das Gebot oft keine Wirkung zeigt. Wenn es jedoch immer mehr an Geltung verliert, wird es zusehends schwieriger, vertrauensvolle Beziehungen aufzubauen.

Jesus zitiert das siebte Gebot in der Begegnung mit dem reichen Jüngling. Als der Jüngling ihm sagt, er habe dieses Gebot und alle anderen auch eingehalten, antwortet ihm Jesus: »Eines fehlt dir noch: Verkauf alles, was du hast, verteil das Geld an die Armen, und du wirst einen bleibenden Schatz im Himmel haben; dann komm und folge mir nach.« (Lukas 18,22)

Vor allem im Lukasevangelium fordert Jesus die Jünger immer wieder dazu auf, ihre Güter mit den Armen zu teilen. Das ist die Antwort Jesu auf das siebte Gebot. Es ist eine höchst aktuelle Antwort. Denn stehlen betrifft nicht nur die Diebstähle seitens der Armen bei den Reichen, sondern auch den Erwerb von ungerechtem Reichtum. Wer an seinen Gütern hängt und sie nur für sich besitzen will, der hat den Geist Jesu nicht verstanden. Jesus fordert die Solidarität der Besitzenden mit den Armen. Nur dann erfüllen sie seine Nachfolge.

Positiv gewendet könnte man das siebte Gebot in die Aussage kleiden: Ich habe genug. Ich bin dankbar für das, was ich habe. Ich gebe mich zufrieden mit dem, was Gott mir gegeben hat. Ich schaue nicht ständig auf die anderen und ihr Eigentum. Weil ich genug habe, lasse ich auch dem anderen das, was er sich rechtmäßig angeeignet hat. Ich begnüge mich mit dem, was ich habe. Das macht mich vergnügt. Und wer einem anderen etwas weggenommen hat, muss ihm Genugtuung leisten, damit er wieder genug für sich hat. Diese Haltung des Genügsamseins schafft eine Atmosphäre des Friedens und des Vertrauens. Ich beneide den anderen nicht, sondern ich freue mich an dem, was ich habe, was ich mir erarbeitet und was ich von Gott bekommen habe.

VIII

**Du sollst kein falsches Zeugnis
geben wider deinen Nächsten!**

+

Ich bin ehrlich

Das achte Gebot wurde im Beichtspiegel vor allem in Bezug auf das Lügen gedeutet. Die Grundfrage war, ob ich gelogen oder ob ich die Wahrheit gesagt habe. Die Moraltheologie hat sich viele Gedanken gemacht, wo ich absolut die Wahrheit sagen muss und wo ich unter gewissen Umständen zwar nichts Unwahres sagen soll, aber auch nicht die Wahrheit bekunden muss. Soll der Arzt am Krankenbett die Wahrheit sagen? Und was heißt es konkret, die Wahrheit zu sagen? Soll der Firmenchef immer die Wahrheit sagen, warum ein Auftrag noch nicht fertig geworden ist? Gibt es nicht auch legitime Notlügen? All diese Fragen haben viele Beichtende immer wieder bewegt. Und es sind sicher Fragen, die wir bedenken müssen. Aber es sind nicht die Probleme, die das achte Gebot im Auge hat.

Im alten Israel besaß jede Ortschaft ihren eigenen Gerichtshof. Dazu gehörten alle freien Männer, die einen Grundbesitz hatten. Wenn es ein strittiges Problem gab, dann versammelten sich alle freien Männer am Stadttor, diskutierten über einen Vorfall und sprachen dann gemeinsam Recht. In Israel gab es keinen Staatsanwalt. »Die Anklage musste vielmehr von demjenigen ›im Tor‹ erhoben werden, der Zeuge eines geschehenen Unrechts geworden war.« (Limbeck, S. 60)

Er war sogar verpflichtet, um der Ordnung willen Anklage zu erheben. Es war klar, dass das Recht hier nur gesprochen werden konnte, wenn sich alle auf die Wahrhaftigkeit der Zeugen verlassen konnten. Falsche Zeugen konnten einen Mann zugrunde richten. Als Jesus vor dem Hohen Rat angeklagt wurde, standen falsche Zeugen auf. Ja, sie wurden sogar von den Anklägern dazu ermutigt, ein falsches Zeugnis abzulegen. Das Erste Buch der Könige erzählt voller Abscheu die Tat der Isebel, die für ihren Mann, den König Ahab, unbedingt den Weinberg Nabots wollte. Sie ließ zwei nichtswürdige Männer auftreten und falsch gegen Nabot aussagen. »Sogleich führte man ihn aus der Stadt hinaus und steinigte ihn zu Tode.« (1 Könige 21,13) Daraufhin stand Ahab auf »und ging zum Weinberg Nabots aus Jesreel hinab, um von ihm Besitz zu ergreifen« (1 Könige 21,16).

Das Volk Israel wusste um die Gefahr, dass man mit einem falschen Zeugnis einen anderen ins Unglück stürzen, ja sogar in den Tod treiben konnte. Daher schützte Gott die Würde und das Recht eines jeden Menschen gegen die Tendenzen der Rechtsverdrehung und der falschen Aussage. So heißt es im Bundesbuch: »Du sollst kein leeres Gerücht verbreiten. Biete deine Hand nicht dem, der Unrecht hat, indem du als falscher Zeuge auftrittst. Du sollst dich nicht der Mehrheit anschließen, wenn sie im Unrecht ist, und sollst in einem Rechtsverfahren nicht so aussagen, dass du dich der Mehrheit fügst und das Recht beugst.« (Exodus 23,1–3)

Aber auch wenn wir das achte Gebot im ursprünglichen Sinn verstehen, hat es nichts an Aktualität verloren. Heute gibt es genügend falsche Zeugen, die über den politischen Gegner oder über den anders denkenden Theologen irgendwelche Gerüchte in Umlauf setzen. Da wird ihm vorgeworfen, er habe sich an der Staatskasse bereichert, er habe falsch abgerechnet. Allein der Vorwurf, der in der Presse öffentlich erhoben wird, kann einen Politiker zur Strecke bringen. Selbst wenn nachher ein Gerichtsverfahren die Haltlosigkeit der Vorwürfe feststellt, nützt ihm das nichts mehr. Die Nachricht über den Freispruch erscheint irgendwann in einem kleinen Artikel, den niemand findet, weil er unter Unwichtigem versteckt ist. Die Anklage jedoch war als Schlagzeile auf der ersten Seite abgedruckt.

Ich kenne Menschen, die solchem Rufmord erlegen sind. Da war ein Bürgermeister in der ganzen Stadt beliebt. Kurz vor der Wahl streut ein Kontrahent ein Gerücht über ihn aus. Letzterem bleibt kaum Zeit, es zu entkräften. Mit falschen Aussagen erzeugt der Kontrahent ein Klima, das den Bürgermeister bei der Wahl das Amt kostet. Nachher greifen sich alle an den Kopf, wie man bloß den eher unfähigen Kontrahenten zum Bürgermeister wählen konnte.

Jeder, der in der Öffentlichkeit steht und irgendetwas tut oder sagt, was einem anderen nicht passt, ist heute falschen Vorwürfen und Anklagen ausgesetzt. Gegen einen Priester werden Vorwürfe erhoben, er habe einen Ministranten sexuell bedrängt. Natürlich gibt es leider solche Fälle. Und es ist wichtig, dass sie aufgedeckt werden, um die Opfer zu schützen und weiteren Schaden zu vermeiden. Aber es gibt auch den Vorwurf, den man in die Welt setzt, weil man mit der theologischen Meinung oder mit seiner Art, wie er die Pfarrei leitet, nicht einverstanden ist.

Ein 15-jähriges Mädchen hatte durch ihre Mutter den Bischof über einen sexuellen Übergriff des Pfarrers informiert. Der Bischof ermutigte sie, beim Staatsanwalt offiziell Anzeige zu erstatten, damit die Vorwürfe geklärt würden. Am nächsten Tag rief die Mutter an, ihre Tochter habe gelogen. Sie habe sich nur über den Pfarrer geärgert und sich daher an ihm rächen wollen. Das sind Verhaltensweisen, die das achte Gebot im Blick hat. Denn mit unwahrem Zeugnis wird ein Mensch zugrunde gerichtet. Er ist schutzlos der falschen Anklage ausgesetzt. Wenn er sich nicht wehrt, weil er sie als haltlos ansieht, steht er in der Öffentlichkeit als Schuldiger da. Wenn er sich wehrt, sagt man, er habe es nötig.

Gerüchte haben eine zerstörerische Macht. Und es gibt Menschen, die nichts lieber tun, als irgendwelche Gerüchte in die Welt zu setzen. Sie berufen sich auf irgendwelche Zeugen. Daher kann man sie nachher auch nicht belangen. Sie haben es eben irgendwoher gehört und nur weitererzählt. Doch mit solchen Gerüchten werden Menschen in ihrer Würde zerstört. Sie müssen sich vor der Öffentlichkeit verstecken. Sonst werden sie beschimpft.

Ich habe solche Menschen begleitet und weiß, wie viel Unheil mit falschem Zeugnis angerichtet wird. Statt sich offen mit dem anderen auseinanderzusetzen, bringt man ein Gerücht in Umlauf. Die Heimlichkeit und Heimtücke, die hinter solchen Gerüchten steht, zerstört das menschliche Miteinander. Man kann noch so authentisch leben. Wenn jemand neidisch oder mit meiner Meinung nicht einverstanden ist, braucht er nur ein Gerücht in die Welt zu setzen. Er selbst ist nachher nur der völlig Schuldlose, der weitergesagt hat, was er gehört hat. Aber der andere wird in aller Öffentlichkeit zerfleischt.

Das achte Gebot lädt uns dazu ein, unser Sprechen zu überprüfen: Wo sind unsere Worte verletzend? Wo verdrehen sie die Wahrheit? Der Journalist Georg Magirus meint: »Naiv wäre es zu glauben, Worte seien nebensächlich. Ihre Wirkung reicht weiter als ein Schall, der rasch verhallt.« (Magirus in Hofmeister/Bauerochse, S. 133) Und als Beleg, dass Sprache gefährlich sein kann, zitiert er ein Gedicht von Hilde Domin:

> *Besser ein Messer als ein Wort.*
> *Ein Messer kann stumpf sein.*
> *Ein Messer trifft oft*
> *Am Herzen vorbei.*
> *Nicht das Wort.*

Gerade in unserer Kommunikationsgesellschaft, in der Worte in Sekundenschnelle von einem Ende der Welt bis ans andere dringen, ist das achte Gebot ein wichtiger Impuls zu einer sorgfältigen und achtsamen Sprache, zu einer Sprache, die der Wahrheit dient und nicht der Lüge, die den Menschen aufrichtet, anstatt ihn zu beugen. Das achte Gebot will uns dafür sensibel machen, wo wir in Gefahr sind, die Wahrheit zu verbiegen, über den Nächsten etwas zu sagen, was die anderen interessiert und für mich einnimmt, selbst wenn es nicht ganz der Wahrheit entspricht.

Es geht nicht nur um das Thema Lüge oder Wahrheit, sondern darum, ob wir mit Worten einen anderen verletzen. Worte können ermutigen und trösten, verbinden und erwärmen. Aber Worte können auch kränken und erniedrigen. Worte, die unsere Würde verletzen, hängen noch jahrelang in unserem Herzen wie Angelhaken, die wir nicht mehr herausziehen können. Sie bohren weiter, selbst wenn der andere, der sie gesprochen hat, schon längst nicht mehr daran denkt.

Es geht dabei nicht nur um das falsche Zeugnis gegenüber einem einzelnen Menschen, sondern um die Unwahrhaftigkeit, die öffentlich propagiert wird. Wir brauchen uns nur die Berichte der amerikanischen Regierung über den Irak-Krieg und seine Ursachen anzuschauen, so stoßen wir auf eine bewusst verbreitete öffentliche Lüge. Ein Krieg wird mit Unwahrheiten gerechtfertigt. Die Politiker setzen einen Untersuchungsausschuss nach dem anderen ein. Das zeigt schon, wie sehr die Wahrheit heute öffentlich mit Füßen getreten wird. Das zerstört das Vertrauen der Menschen in die Politik.

Sicher hat das achte Gebot auch mit dem zu tun, was wir im Beichtspiegel früher gelernt haben, dass wir nämlich nicht lügen, sondern die Wahrheit sagen sollen. Doch entscheidend ist hier immer, ob durch meine Lüge ein Mensch in seiner Würde geschädigt wird. Wenn ich am Telefon aufdringlichen Anrufern sage, ich hätte jetzt keine Zeit, weil ich noch einen Termin wahrnehmen müsse, dann ist das oft genug ein legitimer Schutz. Natürlich wäre auch hier die Wahrheit besser. Aber manche vertragen die Wahrheit nicht. Auf jeden Fall schade ich dem anderen durch meine Notlüge nicht. Ich schütze mich vor ihm und seiner Zudringlichkeit.

Aber wenn ich allzu leichtfertig mit Notlügen umgehe, schadet es mir. Sie legen sich wie ein Schmutzfilm über meine Seele. Und bevor ich es merke, habe ich mich innerlich verbogen und verkrümmt. Und Verkrümmung ist für Augustinus das typische Zeichen der Sünde. Vitus Seibel beschreibt die Tendenz, die Wahrheit zurechtzubiegen, um sich besser darzustellen, mit den Worten: »Es geht darum, den Dingen etwas Anstrich zu geben, damit sie nicht gar so hässlich ausschauen, den wahren Sachverhalt etwas zu verschleiern, damit wir uns nicht zu sehr blamieren und nicht eine zu schlechte Note bekommen bei unseren Bekannten, bei unseren Freunden, bei den Vorgesetzten, bei den Kindern. Es geht darum, etwas besser dazustehen, als wir sind.« (Seibel in Keller, S. 245)

Solche Tendenzen verbreiten Unklarheit. Sie trüben unseren Geist und unsere Seele. Wir fühlen uns nicht mehr klar und lauter, sondern verbogen und verschmutzt. Das tut uns aber nicht gut. Der Mut, die Wahrheit so wiederzugeben, wie sie ist, ohne sie zu beschönigen und ohne uns in ein besseres Licht zu rücken, schafft Vertrauen und Klarheit.

Ein anderes Thema ist die Frage der Wahrheit und Wahrhaftigkeit am Krankenbett. Soll der Arzt dem Kranken die Wahrheit sagen oder soll er ihn schonen? Ich kann dem Kranken nur die Wahrheit sagen, wenn ich ihm gegenüber wahrhaftig bin. Und das setzt zuerst einmal eine gute Beziehung voraus. Wenn ich ihm die Wahrheit um die Ohren schlage und ihm sage, er habe nur noch drei Wochen zu leben, dann ist das eine tiefe Verletzung. Wenn ich ihm jedoch erzähle, alles sei bestens, würde ich ihn genauso verletzen. Denn ich würde ihm die Möglichkeit nehmen, sich mit dem Ernst seiner Krankheit und mit dem Abschiednehmen im Tod auseinanderzusetzen. Und ich würde die Angehörigen um den Abschied betrügen.

Es braucht eine behutsame Art, die Wahrheit zu vermitteln. Und es braucht die Kunst, dem anderen die Wahrheit zu sagen, ohne ihm die Hoffnung zu nehmen. Nur dann wird die Wahrheit ihn frei machen und aufrichten. Die Hoffnung meint nicht immer, dass er wieder gesund wird, sondern dass er die Zeit, die ihm Gott schenkt, intensiv leben kann, dass da Neues in ihm aufblühen wird. Ich kann einem anderen nur die Wahrheit sagen, wenn ich bereit bin, mit ihm die Wahrheit auszuhalten und ihn darin zu begleiten. Dabei ist es hilfreich, sich zu fragen, was Wahrheit eigentlich meint. Das griechische Wort »aletheia« meint »Unverhülltsein«. Wahrheit ist, wenn ich den Dingen auf den Grund sehe. Es geht niemals nur um die Mitteilung von Sätzen, sondern darum, das Wesen der Dinge aufzuzeigen. Die Wahrheit über meine Krankheit muss mit der Wahrheit meiner menschlichen Existenz verbunden sein.

Die Bibel verbindet Wahrheit mit Zuverlässigkeit, Verlässlichkeit. Ich kann dem anderen nur die Wahrheit sagen, wenn ich eine verlässliche Beziehung mit ihm eingehe. Das deutsche Wort für Wahrheit hat mit Vertrauen zu tun. Wahrheit ist das Vertrauenswerte. Der Arzt braucht erst eine Beziehung des Vertrauens, um dem Patienten sagen zu können, wie es wirklich um ihn steht.

Das achte Gebot will uns dazu einladen, ehrlich zu sein. Wir nennen einen Menschen ehrlich, der nicht betrügt. Ursprünglich hatte das Wort eine andere Bedeutung. Ehrlich ist der, der ein ehrenhaftes Verhalten an den Tag legt und ein Gespür für seine eigene Ehre und für die Würde der anderen hat. Wer ehrlich ist, der ehrt den anderen. Er wird nie irgendwelche Gerüchte über andere in die Welt setzen. Man kann sich auf ihn verlassen. In seiner Nähe fühlt man sich geehrt und gewürdigt. Und er selbst strahlt Ehre und Würde aus. Und der ehrliche Mensch ist klar und aufrecht. Er verbiegt die Wahrheit nicht. Er sagt offen, was er denkt. Er spricht nicht heimlich über andere. Ehrliche Menschen laden auch andere zur Ehrlichkeit ein. Sie schaffen eine offene und Vertrauen erweckende Atmosphäre. Nur in solcher Atmosphäre von Ehrlichkeit und Offenheit, von Vertrauen und Ehrgefühl kann das Miteinander gelingen.

Ehrlich sein heißt nicht nur, im Gespräch mit anderen ehrlich meine Meinung zu sagen und den Sachverhalt aufrichtig und wahrheitsgemäß wiederzugeben. Ehrlichkeit verlangt auch, mir selbst gegenüber ehrlich zu sein. Ich bin unehrlich mir selbst gegenüber, wenn ich allzu hohen Idealen nachlaufe und an diesen unerfüllbaren Selbstbildern festhalte. Aber ich bin auch unehrlich, wenn ich mich allzu kleinmache, wenn ich mich ständig bedauere, dass ich nichts bin und nichts kann. Das kann auch eine Ausrede sein, sich dem Leben nicht stellen zu müssen.

Das Gegenteil der Ehrlichkeit ist Heuchelei. Ich heuchle Interesse und Empathie und kümmere mich letztlich überhaupt nicht um den anderen. Ich heuchle Freundlichkeit und bin innerlich wütend. Ich verstelle mich. Doch das tut weder mir noch dem anderen gut. Ich bin ehrlich mir selbst gegenüber, wenn ich meine Wahrheit ungeschminkt anschaue, wenn ich zu meinen Schwächen und zu meinen Stärken stehe. Und ehrlich bin ich, wenn ich aufhöre, mich zu zerfleischen. Zur Ehrlichkeit sich selbst gegenüber gehört es auch, mich selbst zu ehren, meine Ehre nicht wegzuwerfen oder mich künstlich kleinzumachen.

Die Ehrlichkeit mir selbst gegenüber ist die Voraussetzung, dass ich auch zu anderen ehrlich bin und ihnen nichts vormache. Der ehrliche Umgang miteinander erzeugt Vertrauen und Weite, Freiheit und Verlässlichkeit. Die Ehrlichkeit schützt das Leben, das eigene wie das fremde. Und Schutz des Lebens, Schutz der Freiheit, das ist letztlich das Ziel aller Zehn Gebote. Gott möchte uns Weisungen geben, wie wir in Freiheit miteinander leben können. Die wahre Freiheit ist nur möglich durch Ehrlichkeit und Wahrhaftigkeit. Jesus sagt: »Die Wahrheit wird euch befreien.« (Johannes 8,32)

Nur wenn wir in der Wahrheit sind und wahrhaftig uns selbst und anderen gegenüber, werden wir die Freiheit erfahren, in die Jesus uns durch sein Leben und seine Botschaft führen möchte.

Das achte Gebot ist auch eine Einladung, unsere Sprache zu disziplinieren. Wie oft reden wir ungenau über uns selbst und die Menschen. Wir verstecken uns hinter leeren Floskeln. Die Sprache ist nur echt, wenn wir uns selbst darin aussprechen und wenn wir die Dinge so benennen, wie sie sind. Diese Disziplinierung der Sprache hat wohl Jesus im Blick, wenn er in der Bergpredigt gegen das Schwören Stellung bezieht. Denn das Schwören setzt ja voraus, dass ich es sonst nicht so genau nehme mit meiner Sprache. Nur wenn ich feierlich schwöre, können sich die anderen auf das verlassen, was ich sage. Sonst müssen sie immer damit rechnen, dass ich die Dinge mit meinen Worten etwas verbiege.

»Ihr habt gehört, dass zu den Alten gesagt worden ist: ›Du sollst keinen Meineid schwören‹, und: ›Du sollst halten, was du dem Herrn geschworen hast.‹ Ich aber sage euch: Schwört überhaupt nicht, weder beim Himmel, denn er ist Gottes Thron, noch bei der Erde, denn sie ist der Schemel für seine Füße, noch bei Jerusalem, denn es ist die Stadt des großen Königs. Auch bei deinem Haupt sollst du nicht schwören; denn du kannst kein einziges Haar weiß oder schwarz machen. Euer Ja sei ein Ja, euer Nein ein Nein; alles andere stammt vom Bösen.« (Matthäus 5,33–37)

Unser Reden sei klar. Nur so entsteht um uns herum Klarheit, Vertrauen und Glaubwürdigkeit. Die Ehrlichkeit im Reden ist eine Herausforderung an unsere Sprache. Und wir müssen uns immer wieder neu dieser Herausforderung stellen. Denn sehr schnell schleichen sich in unsere Sprache Ungenauigkeit, Unehrlichkeit und Unklarheit ein. Jesus fordert uns auf, eine klare und glaubwürdige Sprache zu sprechen. Sie ist die Grundlage für das Gelingen des Miteinanders.

IX

Du sollst nicht begehren deines Nächsten Frau!

+

Meine Liebe ist rein

In der Formulierung des Buches Exodus werden das neunte und zehnte Gebot zusammengenommen: »Du sollst nicht nach dem Haus deines Nächsten verlangen. Du sollst nicht nach der Frau deines Nächsten verlangen, nach seinem Sklaven oder seiner Sklavin, seinem Rind oder seinem Esel oder nach irgendetwas, das deinem Nächsten gehört.« (Exodus 20,17)

Hier ist die Frau ein Teil des Eigentums, das zum Haus des Nächsten gehört. Das Buch Deuteronomium jedoch sieht die Frau als eigene Person. Sie gehört nicht zum Hausbesitz des Mannes, sondern sie hat eine eigene Würde. Und daher formuliert das Buch Deuteronomium auch: »Du sollst nicht nach der Frau deines Nächsten verlangen.« (Deuteronomium 5,21)

Was sagt uns dieses Gebot im Unterschied zum sechsten Gebot? Das sechste Gebot hatte nicht in erster Linie die Sexualität im Blick, sondern das Einbrechen in eine bestehende Ehe, in eine intime Beziehung zwischen Mann und Frau. Ich zerbreche eine intakte Beziehung und eine Familie, die in sich zusammengefügt ist. Im neunten Gebot geht es um die Frau allein. Sie wird nicht als Besitz des Nächsten gesehen. Vielmehr soll ich die Beziehung des Nächsten zu seiner Frau achten und sie ihm gönnen. Und ich soll die Frau ernst nehmen, die ihre Liebe einem anderen Mann geschenkt hat. So ist sie für mich tabu. Sie hat sich für einen anderen Mann entschieden. Das achte und respektiere ich.

Das Gebot meint nicht, dass ich an der Frau des Nächsten kein Gefallen haben soll. Es ehrt sogar den Freund, wenn mir seine Frau gefällt und ich es ihr und ihm auch sage. Das hebräische Wort »Verlangen« bezieht sich weniger auf das Gefühl, wenn ich mich zur Frau hingezogen fühle oder wenn ich ein

Verlangen nach ihr empfinde. Die Gefühle kann ich nicht aus mir herausreißen. Sie sind einfach da. Aber ich soll nichts unternehmen, um in den Besitz der Frau zu kommen. Denn sie gehört nicht mir, sondern dem Nächsten. Allerdings dürfen wir hier nicht wieder das Besitzdenken aus dem Buch Exodus im Blick haben. Die Frau gehört dem Nächsten nicht als eine Art Besitz, sondern in dem Sinne, dass sie zu ihm gehört, dass sie einander zugehörig sind und aufeinander hören. Begehren ist mehr als ein Gefühl. Es meint »vielmehr alle hinterhältigen Intrigen, heimtückischen Machenschaften und unsauberen Tricks, die auf irgendeine Weise den Lebensbereich eines anderen Menschen angreifen« (Radl in Keller, S. 269).

Das neunte Gebot sieht die beiden Partner Mann und Frau immer schon zusammen. Ich achte die Liebe zwischen ihnen und verzichte auf alle möglichen Tricks, in diese Liebe einzubrechen und die Frau oder den Mann für mich zu erobern. Ich respektiere, dass diese Frau, die mir so gefällt, ihren Mann liebt und zu ihm gehört. Ich respektiere ihren Lebensbereich und den Lebensbereich des Mannes. Ich lasse alle Versuche sein, die Frau durch Flirten, durch Geschenke, durch übertriebenes Lob für mich zu gewinnen. Und ich achte den konkreten Lebensbereich dieser Familie. Ich störe nicht die Partnerschaft durch meine eigenen Bedürfnisse und meine Versuche, einen Keil zwischen die beiden zu treiben. Eine intensive Form des Verlangens nach der Frau des Nächsten ist das Verlieben. Doch wie soll ich damit umgehen, wenn ich mich in eine Frau verliebe, die schon einem anderen gehört? Verlieben zeigt mir immer auch an, dass ich liebesfähig bin. Aber Verlieben hat immer auch mit Projektionen zu tun – so sagt es C. G. Jung. Wenn ich mich in eine Frau verliebe, so fasziniert mich an ihr, was auch in mir ist, was ich aber bei mir noch zu wenig entfaltet habe. Anstatt das Gefühl des Verliebtseins gewaltsam zu unterdrücken, wäre es meine Aufgabe, mit dem Potenzial meiner eigenen Seele in Berührung zu kommen, das ich bisher übersehen habe. Wenn mich mein Verliebtsein mit mir selbst in Berührung bringt, dann höre ich auf, die Frau des Nächsten zu begehren. Ich werde keine Versuche unternehmen, sie an mich zu binden und sie dem anderen abspenstig zu machen. Wenn ich die Frau sehe, machen sich auch meine Gefühle für sie bemerkbar. Aber anstatt die Frau für mich haben zu wollen, lasse ich mich von ihr an das erinnern, was auch in mir lebt und noch mehr leben möchte. Dann führt mich die Frau zu mir selbst, zu meiner eigenen Liebesfähigkeit und zu der Quelle der Liebe, die in mir sprudelt.

Das Gefühl des Verliebtseins befähigt mich, intensiver meine eigene Beziehung zu leben, die Beziehung zu meinem Ehepartner oder aber auch die Beziehung zu mir selbst. Dann wird das Begehren zur Sehnsucht. Die Sehnsucht aber führt mich in die eigene Tiefe. In der Sehnsucht nach Liebe ist schon Liebe vorhanden. Ich muss dann das, was ich liebe, nicht mehr für mich besitzen. Ich kann die Liebe genießen, die sich in meiner Sehnsucht zu Wort meldet.

Aus vielen Gesprächen mit Männern und Frauen, die schon in der Ehe gebunden sind und sich in eine andere Frau beziehungsweise einen anderen Mann verliebt haben, weiß ich, dass die Verwandlung des Begehrens in Sehnsucht nicht so leicht ist und sich nicht ohne Schmerzen vollzieht. Ich kenne viele Männer und Frauen, die sich redlich darum bemühen. Für sie ist das neunte Gebot eine Kraft, die ihrer Liebe eine Richtung gibt. Und weil sie um die Richtung wissen, entdecken sie in sich ungeahnte Kräfte, mit ihren Gefühlen des Verliebtseins so umzugehen, dass sie niemandem damit schaden, sondern alle Beteiligten daran wachsen.

Das neunte Gebot hat mit einer gesunden Einstellung zur Sexualität zu tun. Sexualität hat immer auch eine Beziehung zum

Begehren. Aber es gibt ein Begehren, das den anderen ehrt, und ein anderes, das ihn ausnützt und ausbeutet, das ihn verletzt und kränkt. Wenn die Frau nur zur Befriedigung des eigenen Triebes benutzt wird, verstoße ich gegen ihre Würde. Eine gesunde sexuelle Beziehung zwischen Mann und Frau setzt immer die Achtung des anderen voraus. Und diese Achtung bezieht sich sowohl auf den Leib als auch auf die Seele. Es ist immer der ganze Mensch, dem ich in der Sexualität begegne.

Sexualität ist eine gute Gabe Gottes, für die wir dankbar sein dürfen. Das Alte Testament hat die sexuelle Verbindung von Mann und Frau im Hohelied in wunderbaren Bildern besungen. Aus diesen Liedern spricht die Dankbarkeit für dieses große Geschenk Gottes an die Menschen.

Doch zugleich kann die Sexualität zum Ort der tiefsten Verletzung werden. In der Sexualität öffne ich mich dem anderen ganz und gar, gerade im leiblichen Sinne. Mit dem Leib berühre ich den anderen in der Tiefe seiner Person. Und wenn ich ihn da nur begehre anstatt zu ehren, dann verletze ich ihn zutiefst. Wenn ich aus der Frau nur meine eigene sexuelle Lust herauspressen will, missbrauche ich sie für mich. Der Sinn der Sexualität besteht in der Hingabe an den anderen, in der Vollendung der Liebe zum anderen. Damit die Sexualität gelingt und ihrem Wesen entsprechend gelebt wird, braucht sie den Schutz des göttlichen Gebotes.

In der Vergangenheit war die kirchliche Sexualmoral oft heftigen Angriffen ausgesetzt: Sie sei nicht mehr zeitgemäß, sie würde den Menschen überfordern und gehe von einer negativen Sicht von Sexualität aus. An diesen Vorwürfen ist sicher einiges richtig. Offensichtlich war es den Verkündern der kirchlichen Sexualmoral nicht gelungen, so über Sexualität zu reden, dass es den Menschen in ihrer Sehnsucht nach einer gut gelebten Sexualität half. Keiner kann über Sexualität unbeteiligt sprechen. Denn jeder hat damit seine eigenen Erfahrungen, schöne und schmerzliche, befreiende und versklavende.

Und oft schleichen sich beim Thema Sexualität Schuldgefühle ein, ob sie nun aus einer rigiden Erziehung resultieren oder aber aus der eigenen Erfahrung, darin weder dem anderen noch sich selbst gerecht geworden zu sein. Daher ist ein sensibles Sprechen über die Sexualität nötig. Das Ziel der kirchlichen Sexualmoral ist eigentlich, dem Menschen zu helfen, dass er seine Sexualität so leben kann, wie sie seinem Wesen entspricht. Sexualität braucht ein Gespür für den anderen. Und sie braucht eine Beziehung des Vertrauens und der Zuverlässigkeit, damit Hingabe gelingen kann.

Wenn ich mit Menschen sehr ehrlich über das Thema Sexualität spreche, dann erlebe ich, wie jeder verzaubernde, aber zugleich auch verletzende Erfahrungen damit gemacht hat. Und jeder spürt, wie brüchig die Sexualität zugleich ist, wie schnell die wunderbare Erfahrung in eine schmerzliche umschlagen kann. Ich erfahre immer wieder, wie die Menschen einen ehrlichen Austausch über ihre Erfahrungen mit der Sexualität wünschen und wie sie durchaus die Stimme der Kirche und die Stimme der Zehn Gebote hören möchten. Sie möchten wissen, wie es richtig ist. Wir können nur angemessen über die Sexualität sprechen, wenn wir nicht moralisieren und von außen her Maßstäbe aufstellen. Wir müssen zunächst genau und ohne die eigenen Vorurteile hinhören, was die Menschen selbst erzählen. Erst dann können wir gemeinsam mit ihnen erarbeiten, wie sie mit ihrer Sexualität so umgehen können, dass es sie beglückt und lebendig macht.

Die positive Aussage zu diesem Gebot lautet: Meine Liebe ist rein. Das bedeutet für mich nicht nur, dass die Liebe zur eigenen Ehepartnerin rein ist und dass ich ihr gegenüber treu bin. Vielmehr beziehe ich die reine Liebe auf alle Frauen. Für mich als ehelos lebender Mönch bedeutet dieses Wort: Ich lasse es zu, Liebe zu empfinden, mich von einer Frau ansprechen zu lassen, von ihr fasziniert zu sein. Aber ich verzichte auf alle Eroberungsversuche. Ich lasse sie so, wie sie ist. Ich lasse ihr ihren Lebensbereich, ihren Freund, ihren Ehepartner. Ich öffne mich ihr im Gespräch, ohne sie an mich zu binden. Ich lasse sie frei. Ich achte sie in ihrer Einmaligkeit und Unverfügbarkeit. Ich weiß, dass sie nicht mir gehört, sondern ihrem Mann, ihren Freunden und letztlich Gott.

Für einen verheirateten Mann (und analog natürlich auch für eine verheiratete Frau) bedeutet dieses Gebot: Ich muss nicht alle Gefühle für andere Frauen aus mir herausreißen. Aber ich verzichte darauf, die Frau eines anderen zu erobern. Ich lasse sie dem, mit dem sie ihr Leben teilt. Indem ich die Frau dem anderen lasse, wird die Liebe zu meiner Frau klar und aufrichtig. Sie wird rein und lauter. Meine Frau kann sich auf meine Liebe verlassen.

Jesus hat die Reinheit nicht in erster Linie mit dem Thema der Sexualität verbunden, sondern mit dem Auge des Menschen. Und das Auge hat ja auch mit Begehren zu tun. Jesus hatte in der Bergpredigt davor gewarnt, die Frau des anderen begehrlich anzuschauen. Der begehrliche Blick entspringt immer einem trüben Auge. Man spürt dem Auge oft die Gier an. Und man sieht im Auge eines Menschen meistens auch, ob er klar und lauter ist, ob er gütig und barmherzig ist.

Es gibt Menschen, die nach außen hin leutselig und offen wirken. Aber wenn wir in ihre Augen schauen, sehen wir oft Kälte und Härte. Im Lukasevangelium singt Jesus ein Loblied auf das reine Auge: »Dein Auge gibt dem Körper Licht. Wenn dein Auge gesund ist, dann wird auch dein ganzer Körper hell sein. Wenn es aber krank ist, dann wird dein Körper finster sein. Achte also darauf, dass in dir statt Licht nicht Finsternis ist. Wenn dein ganzer Körper von Licht erfüllt und nichts Finsteres in ihm ist, dann wird er so hell sein, wie wenn die Lampe dich mit ihrem Schein beleuchtet.« (Lukas 11,34–36)

Wir sehen es einem Menschen an seinen Augen an, was in ihm steckt. Da gibt es Augen, die milde sind, verständnisvoll, achtend und ehrend. Und es gibt Augen, die einen durchbohren, die festnageln, die begehren und den anderen besitzen wollen. Aus manchen Augen glüht einem das Böse entgegen. Wir erschrecken unwillkürlich vor solchen Augen. Unreine Augen machen den ganzen Leib unrein. Man spürt, dass es nicht nur die Augen sind, sondern dass von diesem ganzen Menschen etwas Unklares, Trübes ausgeht, etwas, das man am liebsten meidet. Vor bösen Augen müssen wir uns schützen. Sonst durchbohren sie uns. Der Hass dringt durch die Augen in unser Herz. Wir schützen uns vor den unreinen Augen anderer, indem wir uns ihrem Auge entziehen, oder aber indem wir mit einem reinen Auge den Blick erwidern. Dann muss sich das böse Auge verstecken. Denn es vermag dem reinen Blick nicht zu widerstehen.

Jesus deutet das Gebot des Alten Bundes so, dass wir versuchen sollen, ein reines Auge zu haben. In der Bergpredigt hat er jene gepriesen, die ein reines Herz haben: »Denn sie werden Gott schauen.« (Matthäus 5,8) Die Frage ist, wie wir ein reines Herz gewinnen. Die frühen Mönche sahen in der »puritas cordis«, in der Reinheit des Herzens, das Ziel des geistlichen Lebens. Der Weg dorthin ist für Cassian, den wichtigsten Mönchsschriftsteller des Westens, der ehrliche Umgang mit den Gedanken und Gefühlen, mit den Leidenschaften und Bedürfnissen. Wer alles, was in seinem Herzen ist, anschaut und es Gott hinhält, dessen Herz wird allmählich lauter und rein. Wer ein reines Herz hat, wer den anderen nicht für sich begehrt, sondern ihn mit einem klaren und lauteren Auge anschaut, der wird nach der Verheißung Jesu Gott schauen. Das gilt nicht nur für das Schauen Gottes nach dem Tod. Vielmehr sieht der, der ein reines Herz und ein reines Auge hat, jetzt schon im Menschen Gott. Im Antlitz jedes Menschen schaut er Gottes Angesicht. Das ist das letzte Ziel des neunten Gebotes, mit einem reinen Herzen und einem reinen Auge auf jede Frau und jeden Mann zu schauen, die mich persönlich faszinieren. Dann kann ich in der Schönheit der Frau die Schönheit Gottes und in der Kraft des Mannes die Kraft Gottes schauen.

X

**Du sollst nicht begehren
deines Nächsten Hab und Gut!**

+

Ich bin dankbar

In der Fassung des Buches Deuteronomium wird das zehnte Gebot so beschrieben: »Du sollst nicht das Haus deines Nächsten begehren, nicht sein Feld, seinen Sklaven oder seine Sklavin, sein Rind oder seinen Esel, nichts, was deinem Nächsten gehört.« (Deuteronomium 5,21)

Auch hier geht es um den Schutz des Eigentums und um den Schutz der Privatsphäre eines Menschen. Was sich ein Mensch erworben hat, worin er sich eingerichtet hat, das soll ihm gehören. Für den Israeliten heißt es nicht, dass er nicht bereit ist, sein Eigentum mit anderen zu teilen. Die Gastfreundschaft wurde daher in Israel hochgehalten. Aber ich kann den anderen nur in mein Haus einladen und ihn an meinen Gütern teilhaben lassen, wenn ich mich geschützt fühle. Das zehnte Gebot will einen Schutzraum schaffen, in dem ich vertrauensvoll mit anderen leben kann, ohne Angst zu haben, dass andere mir mein Eigentum streitig machen. Das führt dann dazu, dass ich mein Haus nicht verschließen muss. Es ist immer offen für die Menschen. »Es ist eine der großen Köstlichkeiten des Lebens, dass man einander vertrauen kann und dass man sich voreinander nicht versperren muss, weder die Tür noch das Herz.« (Steffensky, S. 76)

Wenn das siebte Gebot vor allem den Menschendiebstahl beziehungsweise die Ausbeutung des Menschen zum Thema hat, dann geht es im zehnten Gebot um den Diebstahl der Dinge. Zunächst ist hier vom Begehren die Rede. Aber es ist ein Begehren, das alle Tricks anwendet, um zum Ziel zu gelangen. Hier wird vor allem das aufgezählt, was ein Mensch zum Leben braucht. Er benötigt ein Haus, in dem er zu Hause sein kann.

Wenn jemand in das Haus eines anderen einbricht, dann raubt er ihm das Gefühl von Sicherheit. Mir hat ein Priester erzählt, in dessen Pfarrhaus eingebrochen wurde, wie verunsichert und fremd er sich von da ab in seinem Haus gefühlt hat. Das Eigene war entfremdet worden, von einem Einbrecher entweiht. Es strahlte keine Sicherheit, keine Geborgenheit mehr aus. Dass man sich zu Hause fühlt, dass man daheim ist, das erschien nicht mehr möglich, weil ein anderer in seiner Begehrlichkeit in dieses Haus eingedrungen war. Einbruch ist Intimitätsverletzung. Bei einer Familie haben die Einbrecher nicht nur einiges aus der Wohnung mitgehen lassen. Sie haben auch ihre Toilette im Wohnzimmer verrichtet. Der psychologische Schaden bei der Familie war größer als der materielle. Es war eine Verletzung der Würde des Menschen. Dort, wo sie sich zu Hause fühlen, wurde ihre Würde mit Füßen getreten.

Das Feld steht für die Existenzgrundlage des Menschen. Der Bauer braucht ein Feld, um es bebauen und seinen Lebensunterhalt sichern zu können. Wenn mir jemand den Ort meiner Arbeit nimmt, dann nimmt er mir Wesentliches. Heute geschieht es tausendfach, dass uns die Arbeit weggenommen wird. Wir möchten arbeiten, aber wir haben kein Feld, auf dem wir arbeiten können. Wir wollen unser Leben durch unserer Hände Arbeit selbst verdienen. Aber wir haben keine Möglichkeit. Die Gesellschaft bietet uns keine Arbeitsplätze. Unser Feld begehrt jemand, der uns durch üble Machenschaften aus dem eigenen Haus hinausekelt.

Ich kenne eine Frau, die sich in ihrem kleinen Haus nicht mehr wohlfühlt, weil da ein reicher Nachbar, der auf nichts Rücksicht nimmt, alles daransetzt, sie so zu drangsalieren, dass sie von alleine auszieht. Diese Frau erlebt sich ungeschützt. Auch die Gesetze des Staates schützen sie nicht.

Die Gebote des Alten Testamentes wollten den Einzelnen

schützen, damit er das Feld nicht verliert, das er für sein Leben braucht. Aber natürlich gab es schon damals Begehrlichkeiten, die dann zum Unrecht führten, wie beim schon erwähnten König Ahab, der unbedingt den Weinberg Nabots wollte. Doch das jüdische Recht gab dem Einzelnen genügend Sicherheit, sodass auch ein König keine Handhabe hatte, ihm das Feld oder den Weinberg zu nehmen. Die Hinterlist und Bosheit Isebels hat schließlich dem König den Weinberg verschafft, indem sie Nabot töten ließ. Die Frage ist, ob wir das Eigentum der Bürger genügend schützen. Oder ob es manchen heute nicht leicht gemacht wird, durch Spekulationen unseren Grund und Boden so zu entwerten, dass uns die Lebensgrundlage entzogen wird.

Das Gebot schützt auch die Mitarbeiter in meinem Haus (früher: Sklave und Sklavin) vor dem Begehren anderer. Gott wollte nicht das Recht des Stärkeren. Er wollte gerade die Schwachen schützen. Heute gibt es genügend Begehrlichkeiten, gegen die sich das Gebot wenden würde. Da ist die Begehrlichkeit eines Unternehmers, der seinem Konkurrenten die besten Mitarbeiter abwirbt. Da können Fußballvereine, die am meisten Geld haben, die besten Spieler einkaufen und damit kleinere Vereine ruinieren. Wer genügend Geld und Einfluss hat, meint, er könne alle seine Wünsche erfüllen. Wen er in seinen Dienst nehmen will, den bekommt er auch, selbst wenn der andere schon im Dienst eines anderen steht und dort herausgerissen werden muss.

Rind und Esel stehen gleichsam für die bewegliche Habe. Was ich mir erworben habe, das soll mir gehören. Rind und Esel stehen einmal für die Arbeitstiere, aber auch für die Tiere, die mir mit ihrer Milch und ihrem Fleisch die nötige Nahrung geben. Das Judentum hat den Diebstahl mit drakonischen Strafen belegt. So heißt es im Buch Exodus: »Wenn einer ein Rind oder ein Schaf stiehlt und es schlachtet oder verkauft, soll er fünf Stück Großvieh für das Rind oder vier Stück Kleinvieh für das Schaf als Ersatz geben.« (Exodus 21,37)

Heute werden weniger Rinder oder Schafe gestohlen – obwohl dies hin und wieder vorkommt – als vielmehr Autos, Fahrräder, Werkzeug auf Baustellen, Kleider und CD-Player in Kaufhäusern. Diebstahl führt zu immer größeren Absicherungsstrategien und zu einer Atmosphäre der Angst und Unsicherheit. Misstrauen wird gesät und das Miteinander erschwert.

Psychologen erzählen uns von Menschen, die kein Gespür für das Eigentum des anderen haben. Sie kennen keine Grenzen. Sie meinen, ihnen würde alles zustehen. Oft rächen sich solche Menschen, weil sie als Kind zu wenig erhalten haben oder weil sie den Eindruck haben, immer zu kurz gekommen zu sein. Jetzt hätten sie das Recht, sich das zu nehmen, was sie brauchen und wozu sie Lust haben. Es ist schwer, mit solchen Menschen zusammenzuleben. Der Psychologe kann sie weder an eine Wohngemeinschaft (wie betreutes Wohnen) noch an eine Arbeitsstelle vermitteln. Mit solchen Menschen ist ein Miteinander nicht möglich.

An diesen Beispielen merkt man, wie wichtig die Gebote Gottes für ein gutes Miteinander sind. Sie wecken ein gesundes Gespür für das, was mein und was dein ist. Damit schaffen sie eine Atmosphäre, in der Menschen gut miteinander zusammenleben und zusammenarbeiten können. Sie fühlen sich geschützt. Und so können sie ihr Herz anderen öffnen. Wer sich ständig bedroht fühlt von Menschen, die ihm das Seine stehlen möchten, der wird auch sein Herz vor anderen verschließen.

Das zehnte Gebot ist höchst aktuell, weil uns die Werbung einreden möchte, dass von dem, was wir kaufen, unser Image in der

Gesellschaft abhängt. Der französische Soziologe Pierre Bourdieu meint, beim Einkaufen werde heute ein sozialer Wettkampf ausgetragen: »Was ich kaufen kann, beweist anderen, wer ich bin.« (Bourdieu zit. nach Hofmeister/Bauerochse, S. 147) Das beginnt häufig schon in der Schule. Da müssen die Kinder unbedingt Markenkleidung tragen. Sonst werden sie nicht anerkannt. Die Eltern, die von den Kindern dazu gedrängt werden, die gleichen Markenartikel zu kaufen, brauchen sich nicht zu wundern. Denn sie selbst schielen nach dem Haus des Nachbarn und sind neidisch auf dessen größeres Auto und auf die weiten Urlaubsreisen, die er sich leisten kann.

Wir erleben heute einen zusehends stärker werdenden Sozialneid. Man ist neidisch auf das, was der andere hat, auf seinen Beruf, auf seine Frau, auf seine Kinder, auf seinen Erfolg. Wer neidisch ist, vergleicht sich immer selbst mit dem anderen. Er ist nicht in Berührung mit sich selbst, sondern definiert sich immer nur über den Vergleich mit anderen. Und da schneidet er schlecht ab. Wir sagen, dass einer blass vor Neid wird. Damit drücken wir aus, dass der Neid dem Menschen seelisch und körperlich schadet. Er nimmt ihm alle Lebensfreude, alle Lebendigkeit.

Gegen die Tendenzen, mit Neid auf das Glück der anderen zu reagieren, hat der ehemalige FAZ-Redakteur Alexander von Schönburg ein Plädoyer für eine neue Bescheidenheit geschrieben: *Die Kunst des stilvollen Verarmens. Wie man ohne Geld reich wird.* Seine Botschaft fasst Birgit Schönberger so zusammen: »Kopier nicht den Lebensstandard der anderen, finde deinen eigenen. Schmück dich nicht mit Markenartikeln. Das ist armselig. Wahrer Reichtum kommt ohne Statussymbole aus.« (Schönberger in Hofmeister/Bauerochse, S. 153)

Gegen den immer größer werdenden Konsumzwang plädiert von Schönburg dafür, auszusteigen aus der Konsumspirale und sich auf das Wesentliche zu konzentrieren: »Den Menschen werden ständig irgendwelche Klischees vorgehalten, die ihnen das Gefühl des Defizits geben. Und ich sage, es ist kein Defizit, keine Fernreise machen zu können, es ist kein Defizit, kein tolles Auto zu haben, es ist kein Defizit, keine Prada-Klamotten zu haben. Das alles ist geschmacklos und stillos.« (Von Schönburg zit. nach Hofmeister/Bauerochse, S. 155)

Wer begehrlich nach des Nächsten Haus und Habe schielt, hat in sich wenig Selbstwertgefühl. Er bezieht sein Selbstwertgefühl von dem, was er hat, was er verdient und was er an Kleidung am Leib trägt. Jesus antwortet auf das zehnte Gebot mit der Mahnung, den Reichtum in sich selbst zu entdecken: »Verschafft euch einen Schatz, der nicht abnimmt, droben im Himmel, wo kein Dieb ihn findet und keine Motte ihn frisst. Denn wo euer Schatz ist, da ist auch euer Herz.« (Lukas 12,33 f.)

Der wahre Reichtum ist in uns. Die kostbare Perle ist das wahre Selbst in uns, der innere Kern. Wer die Lebendigkeit in sich selbst spürt, wer in Berührung ist mit seinem wahren Selbst, der ist frei von den begehrlichen Blicken nach den Gütern der anderen. Begehrlichkeit raubt uns den Frieden. Wer den Schatz in sich findet, der ist wahrhaft frei. Und er lebt im Frieden mit sich und der Welt. Er muss nicht gleich zum Asketen werden. Er kann dankbar genießen, was ihm die Welt an Freuden bietet. Aber er definiert sich nicht darüber. Daher ist er frei, sich ganz dem hinzugeben, was er gerade tut oder sieht. Das macht ihn innerlich reich.

Sinn des zehnten Gebotes ist nicht nur der Schutz des Eigentums, sondern auch die Haltung der Dankbarkeit für das, was ich habe. Wenn ich dankbar bin für das, was Gott mir geschenkt hat, dann bin ich frei von dem begehrlichen Blick auf das Eigentum des anderen. Das Begehren in dem Sinne, wie es das zehnte Gebot versteht, tut dem Menschen nicht gut. Es macht ihn abhängig von seiner Gier. Schon für Buddha ist die Gier die Ursache allen Leidens. Durch meine Gier schade ich nicht nur dem

Bruder mit seinem Besitz, sondern auch mir selbst. Die Gier ist die Quelle von Unzufriedenheit, von Unersättlichkeit und Habsucht.

Heilsam dagegen ist die Dankbarkeit für das, was mir Gott geschenkt hat. Der dankbare Mensch ist zufrieden. Er ist angenehm im Zusammenleben. Mit undankbaren Menschen kann man nicht gut auskommen. Sie sind ständig unzufrieden. Sie geben sich weder mit ihrem Lohn noch mit ihrem Ehepartner noch mit ihrem Leben zufrieden. Sie sind oft genug unersättlich. Der Dankbare hingegen gibt sich zufrieden mit dem, was er hat. Seine Gedanken kreisen nicht um das Gut des anderen, sondern er denkt über das nach, was Gott ihm gegeben hat. Dankbarkeit kommt von denken. Der Undankbare denkt entweder gar nicht oder falsch. Sonst würde er erkennen, dass er genügend Grund zur Dankbarkeit hätte.

Die Dankbarkeit befreit mich von dem Zwang, mich mit anderen zu vergleichen und meine Werke und meine Fähigkeiten über die anderer stellen zu wollen. Die Dankbarkeit ermöglicht es mir, mich mit dem anderen zu freuen über das, was ihm gelungen ist. Ich muss weder ihn noch mich abwerten oder entwerten. Ich verliere nicht an Wert, wenn ich den Wert des anderen dankbar anerkenne. So verbindet die Dankbarkeit mich mit dem anderen. Ich bin nicht sein Konkurrent und er nicht meiner. Vielmehr schauen wir gemeinsam auf das, was Gott uns schenkt, manchmal dem anderen und manchmal mir, manches mir und manches dem anderen. Die Dankbarkeit ermöglicht ein gutes Miteinander und befreit uns von einem ständigen Gegeneinander, von dem Zwang, sich ständig mit anderen vergleichen zu müssen.

Jeder Mensch hat genügend Grund, dankbar zu sein. Ich bin nicht nur dankbar für das, was Gott mir selbst geschenkt hat, sondern auch für die Menschen, die er mir geschenkt hat, und für die Menschen, denen er viele Gaben mitgegeben hat, die ich bei mir nicht finde. Ich muss nicht alles in mir haben. Es ist schön, bei anderen etwas bewundern zu können, was mir fehlt. Dann bin ich nicht neidisch, sondern ich freue mich an dem Reichtum, den ich in anderen Menschen finde.

Schlusswort

Die Zehn Gebote entspringen nicht dem willkürlichen Willen eines Gottes, der uns seine Macht demonstrieren möchte. Vielmehr richtet Gott in den Zehn Geboten sein Wort an uns, ein Wort des Lebens und ein Wort, das in die Freiheit führt. Die zehn Worte, die Gott am Sinai zu seinem Volk gesprochen hat, sind Worte voller Weisheit. Wir brauchen heute in einer Zeit, in der so viele leere Worte gemacht werden, Worte, die Klarheit vermitteln, Worte, die uns eine klare Weisung geben, wie das Leben gelingt. Wir spüren, dass die Zeit der Beliebigkeit vorbei ist. »Anything goes«, »Alles ist möglich« – dieses Schlagwort der Postmoderne hat ausgedient. Es führt nicht zum Leben, sondern zur Beliebigkeit. Beliebigkeit hat aber nichts mehr mit Liebe zu tun. Im Gegenteil, sie ist der Tod der Liebe.

Die klaren Worte, die Gott uns in den Zehn Geboten geschenkt hat, schützen unser Leben und unsere Liebe. Sie bewahren unsere Liebe vor Missbrauch und Misstrauen. Sie schaffen einen Rahmen, in dem das menschliche Leben gedeihen und in dem ein humanes Miteinander gelingen kann. Sie geben unserem Leben Richtung. Sie richten uns aus nach Gott. Diese Ausrichtung tut uns gut. Sie schenkt uns Klarheit und letztlich auch Kraft, unser Leben zu bewältigen. Dort, wo Klarheit ist, erkennen wir auch den Sinn unseres Lebens. Wir brauchen nicht mehr überall zu suchen. Es gibt eine Richtung, in die wir gehen können.

Auch wenn die Zehn Gebote in einer ganz bestimmten Zeit und einem eng umgrenzten Terrain aufgeschrieben wurden, haben sie doch etwas Zeitloses an sich. Sie richten sich an alle Menschen. Sie entsprechen dem, was die Theologie das Naturrecht nennt. Sie wollen das Wesen des Menschen schützen. Unsere Aufgabe ist es heute, diese Zehn Gebote so zu deuten, dass sie unser Leben und unser Miteinander in einer globalisierten Welt in einer guten Weise regeln und ermöglichen. Dazu bedarf es immer wieder neuer Denkanstöße. Die zehn Worte sind Herausforderung an uns, auch eine Herausforderung an unser Denken.

Oft haben wir die Gebote nur als leere Floskeln wiederholt. Oder wir haben sie aufgrund unserer moralisierenden Vorurteile in einem allzu engen Sinne verstanden. Es braucht den Dialog der Gebote mit unserer heutigen Wirklichkeit, um ihren Sinn zu entdecken. Und es braucht den Dialog mit allen Religionen, um gemeinsame Regeln zu entwickeln, die ein friedliches Miteinander der verschiedenen Kulturen und Religionen fördern. Ohne den Frieden der Religionen wird es auch keinen Weltfrieden geben. Wenn wir in einen ehrlichen Dialog mit anderen Religionen und Kulturen treten, werden wir uns wohl auf die Zehn Gebote verständigen können. Sie sind nach wie vor ein Schatz der Weisheit und Worte, die uns in die Freiheit führen und die gemeinsame Freiheit aller Menschen schützen.

Im Jahre 1993 kamen in Chicago sechstausend Menschen aus allen Religionen zum »Parlament der Weltreligionen« zusammen, um eine Erklärung zum Weltethos zu unterschreiben. In diesem Dokument bekräftigen sie den Wunsch, dass alle Religionen gemeinsam nach einem Weltethos suchen, das alle Menschen miteinander verbindet und einen Grundkonsens zwischen allen Religionen beschreibt: »Wir sind Männer und Frauen, welche sich zu den Geboten und Praktiken der Religionen der Welt bekennen. Wir bekräftigen, dass es bereits einen Konsens unter den Religionen gibt, der die Grundlage für ein Weltethos bilden kann: einen minimalen Grundkonsens bezüglich verbindender Werte, unverrückbarer Maßstäbe und moralischer Grundhaltungen.« (Parlament der Weltreligionen zit. nach Hofmeister/Bauerochse, S. 164)

Das Parlament hat eine Selbstverpflichtung für vier zentrale Bereiche menschlichen Zusammenlebens entfaltet und sich dabei an die Zehn Gebote aus der Bibel gehalten: »Verpflichtung auf eine Kultur der Gewaltlosigkeit und der Ehrfurcht vor allem Leben. Dies drückt sich aus in dem alten Gebot: Du sollst nicht töten! Oder positiv: Hab Ehrfurcht vor dem Leben. Verpflichtung auf eine Kultur der Solidarität und eine gerechte Wirtschaftsordnung: Du sollst nicht stehlen! Handle gerecht und fair! Verpflichtung auf eine Kultur der Toleranz und ein Leben in Wahrhaftigkeit: Du sollst nicht lügen! Rede und handle wahrhaftig! Verpflichtung auf eine Kultur der Gleichberechtigung und der Partnerschaft von Mann und Frau: Du sollst Sexualität nicht missbrauchen! Achtet und liebet einander!« Alle vier Verpflichtungen beziehen sich auf biblische Gebote und versuchen, sie in unsere Zeit zu übersetzen und sie jeweils auch in einen positiven Handlungsimpuls zu fassen. Das entspricht meinem Anliegen, am Ende der Gebote jeweils eine positive Aussage zu formulieren.

Wir stehen heute genauso vor der Wahl wie das Volk Israel vor seinem Einzug in das Gelobte Land: »Hiermit lege ich dir heute das Leben und das Glück, den Tod und das Unglück vor. Wenn du auf die Gebote des Herrn, deines Gottes, auf die ich dich heute verpflichte, hörst, indem du den Herrn, deinen Gott, liebst, auf seinen Wegen gehst und auf seine Gebote, Gesetze und Rechtsvorschriften achtest, dann wirst du leben und zahlreich werden, und der Herr, dein Gott, wird dich in dem Land, in das du hineinziehst, um es in Besitz zu nehmen, segnen... Den Himmel und die Erde rufe ich heute als Zeugen gegen euch an: Leben und Tod lege ich dir vor, Segen und Fluch. Wähle also das Leben, damit du lebst, du und deine Nachkommen.« (Deuteronomium 30,15 f. und 19)

Nur wenn wir wie Israel das Leben wählen – das bedeutet für die Bibel: die Gebote Gottes einhalten –, werden wir auf der einen Welt überleben können und unseren Nachkommen Lebensraum ermöglichen. Es geht heute also nicht um Beliebigkeit, sondern um eine Entscheidung für das Leben und für die Freiheit. Das gilt für die Völkergemeinschaft genauso wie für den Einzelnen. Viele Menschen wählen heute nicht das Leben, sondern das, was sie krank macht. Sie missachten die Gebote und merken dann, dass sie sich selbst verachten und an sich selbst vorbeileben.

In Israel hat man die Worte der Zehn Gebote täglich meditiert. Man hat sie sich immer wieder vorgesagt und auswendig gelernt. In der Familie war es die Aufgabe des Vaters, die Gebote an seine Kinder weiterzugeben. Und die frommen Juden sollten die Gebote Gottes als Armreif immer bei sich tragen. Sie sollten sie auf den Verputz öffentlicher wie privater Gebäude malen. Überall sollten sich die Frommen an diese zehn Worte erinnern: »Diese Worte, auf die ich dich heute verpflichte, sollen auf deinem Herzen geschrieben stehen. Du sollst sie deinen Söhnen wiederholen. Du sollst von ihnen reden, wenn du zu Hause sitzt und wenn du auf der Straße gehst, wenn du dich schlafen legst und wenn du aufstehst. Du sollst sie als Zeichen um das Handgelenk binden. Sie sollen zum Schmuck auf deiner Stirn werden. Du sollst sie auf die Türpfosten deines Hauses und in deine Stadttore schreiben.« (Deuteronomium 6,6–9)

Wir bräuchten heute dieses klare Bewusstsein, dass die Gebote Wege zum Leben und in die Freiheit sind. Wir werden in unserer Welt so viel Unklarheiten und Zweideutigkeiten ausgesetzt, dass uns die klaren Weisungen Gottes guttun. Natürlich wissen wir, dass wir an diesen Geboten immer wieder auch scheitern, genauso wie Israel gescheitert ist. Trotzdem sind sie gleichsam ein Stachel, der uns immer wieder daran erinnert, wachsam und bewusst zu leben, uns nicht leben zu lassen, sondern entsprechend der Weisung Gottes zu leben, damit wir den Weg finden, der wirklich zum Leben und in die Freiheit führt, nicht nur für uns, sondern für alle auf dieser weiten Welt.

Die Zehn Gebote geben uns die Richtung an, in die das Leben des Einzelnen gehen kann. Sie weisen uns aber auch den Weg zu einem Miteinander in der einen Welt, zu einem Miteinander der Religionen, zu einem Miteinander in der Wirtschaft, in der Ökologie und in der Politik. Auch wenn die Gebote dreitausend Jahre alt sind, haben sie ihre Aktualität nicht eingebüßt. Im Gegenteil, gerade im Zeitalter der Globalisierung haben sie eine neue Bedeutung für uns bekommen. Sie weisen unserer Welt die Richtung in eine menschlichere und hoffnungsvollere Zukunft.

Literatur

Günther Bauer (Hrsg.): Die Zehn Gebote. Fragen an unsere Zeit, Stuttgart 1970.

Georg Braulik: Die neue Echter-Bibel: Deuteronomium, Würzburg 1986.

Die Zehn Gebote heute: Wegweisung auch für unsere Zeit. Verhaltensforscher, Psychologen, Juristen, Mediziner, Philosophen, Theologen und Publizisten geben Antwort, Freiburg 1982.

Walter Grundmann: Das Evangelium nach Matthäus, Berlin 1968.

Klaus Hofmeister, Lothar Bauerochse: Du sollst … leben! Die Zehn Gebote in den ethischen Konflikten der Gegenwart, Würzburg 2005.

Albert Keller (Hrsg.): Was sollen wir tun? Die Gebote Gottes, Frankfurt 1981.

Meinrad Limbeck: Aus Liebe zum Leben. Die Zehn Gebote als Weisungen für heute, Stuttgart 1981.

Fulbert Steffensky: Die Zehn Gebote. Anweisungen für das Land der Freiheit, Würzburg 2003.

Die Ratgeber von Anselm Grün bei dtv

Du bist ein Segen
ISBN 978-3-423-34474-6

Jeder Mensch kann für den anderen zum Segen werden. Anselm Grün entfaltet Aspekte des Segens, die die Bibel und die geistliche Tradition anbieten und gibt in diesem Buch auch ganz persönliche Segensworte.

Ich wünsch Dir einen Freund
ISBN 978-3-423-34441-8

Für jemanden ein Freund sein bereichert das eigene Leben und erfüllt es mit Sinn. Nach Anselm Grün »bedarf jeder Mensch neben der Liebe die Freundschaft, wenn er nicht Schaden an seiner Seele nehmen will.«

Damit Dein Leben Freiheit atmet
Reinigende Rituale für Körper und Seele
ISBN 978-3-423-34392-3

Der Autor beschreibt in diesem Buch Rituale innerer und äußerer Reinigung, die uns wieder freier atmen lassen.

Menschen führen – Leben wecken
Anregungen aus der Regel Benedikts von Nursia
ISBN 978-3-423-34277-3

Der Autor stellt ein Führungsmodell vor, das zukunftsweisend ist: Führen durch Menschlichkeit.

Leben und Beruf
Eine spirituelle Herausforderung
ISBN 978-3-423-34534-7

Gelebte Spiritualität – im Beruf das eigene Leben wiederfinden und herausfinden, was wirklich wichtig ist.

Die zehn Gebote
Wegweiser in die Freiheit
ISBN 978-3-423-34555-2

Die zehn Gebote, Grundpfeiler der christlichen Ethik, geben uns Sicherheit und Orientierung in einer Welt voller Möglichkeiten und Meinungen.

»Grün versteht es, subversiv den Finger in die Wunden der modernen Art des Managens zu legen.«
ProFirma

»Der Benediktinermönch betreibt Lebensphilosophie für Millionen.«
Süddeutsche Zeitung

Bitte besuchen Sie uns im Internet: www.dtv.de

Spiritualität bei dtv

Ditte und Giovanni Bandini
Als Buddha noch nicht Buddha war
Geschichten aus früheren
Existenzen des Erleuchteten
ISBN 978-3-423-34352-7

Deepak Chopra
Die göttliche Kraft
Die sieben Stufen der
spirituellen Erkenntnis
ISBN 978-3-423-36272-6

Khalil Gibran
Der Prophet
Übers. v. D. und G. Bandini
ISBN 978-3-423-36261-0

Der Traum des Propheten
Lebensweisheiten
Übers. v. D. und G. Bandini
ISBN 978-3-423-34144-8

Der Gesang des Propheten
Hg. v. Bettina Lemke
Übers. v. Ditte Bandini
ISBN 978-3-423-34451-7

Der Wanderer
Übers. v. D. und G. Bandini
ISBN 978-3-423-34535-4

Anselm Grün
**Menschen führen –
Leben wecken**
ISBN 978-3-423-34277-3

**Damit dein Leben Freiheit
atmet**
Reinigende Rituale für
Körper und Seele
ISBN 978-3-423-34392-3

Anselm Grün
Du bist ein Segen
ISBN 978-3-423-34474-6

Leben und Beruf
Eine spirituelle Heraus-
forderung
ISBN 978-3-423-34534-7

Die zehn Gebote
Wegweiser in die Freiheit
ISBN 978-3-423-34555-2

William Hart
Die Kunst des Lebens
Vipassana-Meditation nach
S. N. Goenka
Übers. v. H. Bartsch
ISBN 978-3-423-34338-1

Die heilende Kraft der Gefühle
Gespräche mit dem Dalai Lama
Hg. v. D. Goleman
Übers. v. F. R. Glunk
ISBN 978-3-423-36178-1

Bettina Lemke
Der kleine Taschenbuddhist
ISBN 978-3-423-34568-2

Sakyong Mipham
Wie der weite Raum
Die Kraft der Meditation
Übers. v. S. Schuhmacher
ISBN 978-3-423-24445-9

Den Alltag erleuchten
Die vier buddhistischen
Königswege
Übers. v. S. Schuhmacher
ISBN 978-3-423-24586-9

Bitte besuchen Sie uns im Internet: www.dtv.de

Spiritualität bei dtv

Drukpa Rinpoche
Tibetische Weisheiten
Lebensweisheiten eines tibetischen Meditationsmeisters
Übers. v. S. Schuhmacher
ISBN 978-3-423-36143-9

Geshe Michael Roach
Der Garten des Buddha
Tibetische Lehren
Übers. v. D. und G. Bandini
ISBN 978-3-423-36259-7

Die Weisheit des Diamanten
Buddhistische Prinzipien für beruflichen Erfolg und privates Glück
Übers. v. M. Wallossek
ISBN 978-3-423-34198-1

Rodney Smith
Die innere Kunst des Lebens und des Sterbens
Ein Ratgeber zum Umgang mit dem Tod
ISBN 978-3-423-34518-7

Thich Nhat Hanh
Wie Siddhartha zum Buddha wurde
Eine Einführung in den Buddhismus
Übers. v. U. Richard
ISBN 978-3-423-34073-1

Nimm das Leben ganz in deine Arme
Die Lehre des Buddha über die Liebe
ISBN 978-3-423-34281-0

Indische Weisheiten
Hg. v. S. Schuhmacher
ISBN 978-3-423-34340-4

Weisheiten des Buddha
Hg. v. Anne Bancroft
Übers. v. E. Liebl
ISBN 978-3-423-36296-2

Weisheiten der Bibel
Hg. v. I. Seidenstricker
ISBN 978-3-423-34270-4

Worte, die wirken
Weisheiten für den Augenblick
Hg. v. I. Seidenstricker
ISBN 978-3-423-34435-7

Worte, die stärken
Weisheiten für den Augenblick
Hg. v. I. Seidenstricker
ISBN 978-3-423-34503-3

Sylvia Wetzel
Hoch wie der Himmel, tief wie die Erde
Meditationen zu Liebe, Beziehungen und Arbeit
ISBN 978-3-423-34103-5

Chris Widener
Finde den Engel in dir
Wie wir lernen können, innere Kräfte zu entfalten
Übers. v. B. Lemke
ISBN 978-3-423-34501-9

Kleine Bibliothek der Weltweisheit

Die Kleine Bibliothek der Weltweisheit versammelt berühmte Werke zur klugen und richtigen Lebensführung.

Die Bände befassen sich mit den zeitlos gültigen Fragen: Was ist Glück? Was müssen wir tun, wie sollen wir handeln? Wie können wir mit den Ratschlägen des Lebens am besten umgehen? Was sind wir den Mitmenschen schuldig? Was ist ein richtiges, ein gerechtes Leben? Jeder dieser Texte ist als Meisterwerk der Weltweisheit und Lebenskunst in das Gedächtnis der Menschheit eingegangen

Bitte besuchen Sie uns im Internet: www.dtv.de

Kleine Bibliothek der Weltweisheit

Die Kleine Bibliothek der Weltweisheit versammelt berühmte
Werke zur klugen und richtigen Lebensführung.

Der Talmud
Ausgewählt, neu übersetzt
und mit einem Nachwort von
Jeremy Adler
ISNBN 978-3-423-34566-8

Marc Aurel
Wege zu sich selbst
Übers. v. C. Cleß
ISBN 978-3-3423-34376-3

Epikur
Philosophie des Glücks
Übers. v. B. Zimmermann
ISBN 978-3-423-34377-0

Johann W. von Goethe
Maximen und Reflexionen
ISBN 978-3-423-34378-7

Die Weisheit der
Upanishaden
Übers. v. K. F. Geldner
ISBN 978-3-423-34379-4

Lektionen der Stille
Klassische Zen-Worte
Ausgewählt von
Helwig Schmidt-Glintzer
ISBN 978-3-423-34453-1

Die Weisheit des
Alten Testaments
Hg. v. Bernhard Lang
ISBN 978-3-423-34454-8

Die Weisheit Ägyptens
Hg. v. Hermann A. Schlögl
ISBN 978-3-423-34455-5

Franz Kafka
Betrachtungen über Leben,
Kunst und Glauben
Hg. v. Peter-André Alt
ISBN 978-3-423-34456-2

Thomas von Kempen
Anleitung zum Leben und
Sterben
Aus dem Buch von der
Nachfolge Christi
Ausgewählt v. M. Heim
ISBN 978-3-423-34520-0

David Hume
Über den Freitod
Ausgewählt und mit einem
Nachwort von Manfred Kühn
ISBN 978-3-423-34567-5

Platon
Symposion
ISBN 978-3-423-34521-7

Fabeln des Äsop
Übers. v. N. Holzberg
ISBN 978-3-423-34522-4

Khalil Gibran
Der Prophet
Übers. v. D. und G. Bandini
ISBN 978-3-423-34523-1

Bitte besuchen Sie uns im Internet: www.dtv.de